El arte de provocar

El arte de provocar

Cómo crear estrategias que impactan,
conectan y cautivan

Elena Guirao

CONECTA

Los libros de Conecta están disponibles para promociones y compras
por parte de empresas, con condiciones particulares para grandes cantidades.
Existe también la posibilidad de crear ediciones especiales, incluidas con
cubierta personalizada y logotipos corporativos, para determinadas ocasiones.

Para más información, póngase en contacto con:
edicionesespeciales@penguinrandomhouse.com

Papel certificado por el Forest Stewardship Council®

Primera edición: mayo de 2025

© 2025, Elena Guirao López
© 2025, Penguin Random House Grupo Editorial, S. A. U.
Travessera de Gràcia, 47-49. 08021 Barcelona

Penguin Random House Grupo Editorial apoya la protección de la propiedad intelectual. La propiedad intelectual estimula la creatividad, defiende la diversidad en el ámbito de las ideas y el conocimiento, promueve la libre expresión y favorece una cultura viva. Gracias por comprar una edición autorizada de este libro y por respetar las leyes de propiedad intelectual al no reproducir ni distribuir ninguna parte de esta obra por ningún medio sin permiso. Al hacerlo está respaldando a los autores y permitiendo que PRHGE continúe publicando libros para todos los lectores. De conformidad con lo dispuesto en el artículo 67.3 del Real Decreto Ley 24/2021, de 2 de noviembre, PRHGE se reserva expresamente los derechos de reproducción y de uso de esta obra y de todos sus elementos mediante medios de lectura mecánica y otros medios adecuados a tal fin. Diríjase a CEDRO (Centro Español de Derechos Reprográficos, http://www.cedro.org) si necesita reproducir algún fragmento de esta obra.
En caso de necesidad, contacte con: seguridadproductos@penguinrandomhouse.com

Printed in Spain – Impreso en España

ISBN: 978-84-18053-52-8
Depósito legal: B-4.624-2025

Compuesto en M. I. Maquetación, S. L.

Impreso en Rotoprint by Domingo, S. L.
Castellar del Vallès (Barcelona)

CN 53528

*A todos los valientes que no tienen miedo
a ser vistos y escuchados*

*A quienes se atreven a destacar,
a desafiar las normas y a mostrarse como son*

*A los que tienen algo que compartir con el resto del mundo,
para que, por fin, encuentren la forma de hacerlo*

Índice

Prólogo de Annie Maya 13

Introducción 17
    El síndrome de la niña buena 20
    Si no impactas, aburres 22
    Mantén la autenticidad 24
    ¿Qué puedes esperar de este libro? 24

PRIMERA PARTE
El camino de la provocación

1. ¿A quién vas a provocar? Encuentra un nicho
    en el que destacar 31
    La importancia del nicho 33
    Crea tu avatar de cliente ideal 42
    Crea una historia que conecte 51

2. ¿Qué quieres conseguir? Provoca con una intención
    clara 65
    Define el propósito de tu provocación 67

    Establece objetivos SMART 77
    La psicología de la provocación 80

3. ¿Qué les vas a ofrecer? Crea una propuesta única
    en tu sector 89
    La propuesta única de valor 91
    Crea un producto o servicio único 104
    Valida tu idea en el mercado 110

SEGUNDA PARTE
Domina la provocación

4. Tipos de contenido, frases y actitudes para provocar
    a tu audiencia 121
    Tipos de contenido que provocan 123
    Frases que resuenan fuerte 134
    Adopta una actitud provocativa 143

5. ¿Hasta dónde quieres llegar? Los límites de la provocación . . 153
    Evalúa la tolerancia al riesgo de tu marca 154
    Establece tus propios límites 157

6. Perfecciona tu técnica: prueba, experimenta y repite 165
    Aprendizaje continuo de aciertos y errores 166
    Experimentación con nuevos canales 168
    No te acomodes en los buenos resultados 170

TERCERA PARTE
La provocación expansiva

7. De la provocación a la persuasión 179
   Mantén el interés de la audiencia 181
   Fomenta la confianza 184
   La base de la lealtad 188

8. Haz que hablen de ti para expandir tu mensaje 193
   La importancia del boca a boca 194
   Estrategias para generar conversación 197

9. Sigue provocando con autoridad 207
   Evolución de la estrategia de provocación 208
   Mantén el diálogo con tu audiencia 214
   Educación y liderazgo de opinión 216

CONCLUSIÓN. Deja tu huella sin miedo 221
   El valor de ser diferente 222
   El poder de la autenticidad en la provocación 224
   La comunidad que construyes 226

REFERENCIAS Y LECTURAS RECOMENDADAS 229

Prólogo

¿Qué pasaría si te dijera que no compites por ser el mejor, sino por ser el más provocativo del mercado? Al que todos mencionan, el que genera ruido, el que incomoda con ciertas verdades y el que irrumpe en su sector.

Pero no malinterpretes este mensaje. No se trata de ser el rebelde o la oveja negra de la industria, ni de ir en contra de todo sin un propósito claro. Se trata de romper el molde con ideas propias, de atreverse a innovar en la comunicación, en la oferta de productos y servicios e incluso en la conquista de nichos donde nadie antes se había atrevido a vender.

Cuando iniciamos un proyecto, solemos dedicar poco tiempo a la estrategia, como si solo las grandes marcas tuvieran derecho a hacerlo. De ahí nace el error de copiar fórmulas y de pasar por alto lo más esencial: diseñar una propuesta de valor, definir un propósito de marca y, por supuesto, conocer a fondo a ese anhelado cliente ideal. Porque ese cliente, al que hablarás casi a diario, debe sentirse identificado hasta el punto de decir: «Me has leído la mente», «Siento que me has descrito».

Quienes siguen a Elena Guirao en las redes sociales lo saben bien. Su tono descarado, pero certero, no solo te saca una sonrisa, sino que te deja con una pregunta inevitable: «¿Cómo es que nadie me lo ha dicho así antes?». Eso es, en esencia, verdadera provocación.

A lo largo de este libro, Elena te desvela el arte de provocar con una clase magistral, tan sencilla como poderosa, que te hará entender, a través de ejemplos prácticos, que la persuasión, en su forma más evolucionada, no es otra cosa que provocación estratégica. Una estrategia que nace de analizar a fondo a ese cliente ideal, comprendiendo sus deseos y necesidades para presentarle propuestas simples y brillantes.

Lo vemos a diario: en un ejercicio tan cotidiano como el famoso *finger scroll*, nos dejamos llevar, absorbidos por contenidos que nos invitan a comprar, a soñar con algo o a recomendarlo. Esa conversación que generan las marcas no es casualidad. Es estrategia. Es provocación.

¿Podemos hacer lo mismo desde un pequeño negocio? ¿O es solo un privilegio de las grandes marcas? En este libro descubrirás cómo lograrlo con ejemplos ilustrados y aplicables, para que tú también puedas diseñar una estrategia capaz de generar ese efecto provocativo.

El verdadero reto no es solo causar impacto, sino dejar huella con un mensaje genuino. El marketing digital alguna vez prometió revolucionar la conexión entre marcas y personas, pero terminó convirtiéndose en un juego de trucos diseñados para combatir un aburrimiento que él mismo ha creado. Así, en su desesperación por no desaparecer en el océano digital, muchas marcas han caído en una absurda competencia de titulares exagerados, desafíos virales sin sentido y estrategias que buscan popularidad en lugar de conexión real.

Hoy, la provocación mal gestionada y la obsesión por el impacto rápido han reemplazado la autenticidad y la creatividad, sumiendo a muchas marcas en crisis de comunicación. Y cuando eso ocurre, no saben cómo recuperar el control para alcanzar el posicionamiento que tanto desean.

Este libro traza el recorrido para que establezcas una propuesta de valor sólida y un propósito de provocación alineado con tu identidad de marca y la psicología de tu audiencia. Aprenderás a mirar el mercado con criterio, sin dejarte arrastrar por lo que hacen otros, pero sin perder la oportunidad de adaptarte a las tendencias digitales. Te invitará a explorar nuevos formatos, canales y estrategias con los que no solo destacarás, sino que te convertirás en líder de opinión, elevando tu autoridad y consolidando tu posicionamiento.

Todo esto explicado con el tono práctico, fluido y desafiante de Elena. Porque este libro no solo te hará reflexionar, te invitará a actuar. ¿Te animas?

ANNIE MAYA,
asesora de Imagen & Brander y
CEO de Instituto de Imagen Personal

Introducción

Todo comenzó con un simple tuit. La Vecina Rubia, esa voz misteriosa que vive en las redes sociales y que siempre habla en tonos pastel, lanzó un mensaje que parecía una broma más: «Yo no tengo un mal día, los días malos me tienen a mí». Pero algo mágico ocurrió. Decenas de personas, luego cientos y finalmente miles de personas comenzaron a compartir su publicación. De repente, sus mensajes, llenos de humor, ironía y una pizca de provocación, se convirtieron en virales.

Lo interesante de La Vecina Rubia no es solo su tono descarado o su capacidad para conectar con su audiencia, sino su rechazo absoluto a seguir las normas preestablecidas del marketing. En un mundo donde las marcas intentaban ser serias, estructuradas y profesionales, ella se presentó como imperfecta, divertida y auténtica. No intentaba gustar a todo el mundo, y precisamente por eso conquistó a tanta gente.

Su enfoque rompía esquemas: hablaba de ortografía como si fuera un drama romántico, reivindicaba la importancia de quererse a una misma con humor y, de paso, nos recordaba que pintarse las uñas con la mano izquierda es un deporte extremo. Y lo hacía todo sin vender nada directamente. Pero eso no significó que no fuera un éxito. Hoy sus libros, colaboraciones y productos tienen una base de fans fieles que no solo compran todo lo que vende, sino que la recomiendan y la defienden sin dudar.

Ahora te pregunto: ¿y si tu marca pudiera ser como La Vecina Rubia? No, no digo que te pongas a hablar de unicornios y purpurina, pero ¿te atreverías a destacar? ¿Te atreverías a desafiar las normas y dejar de intentar gustarle a todo el mundo? Porque déjame decirte algo: durante mucho tiempo nos han hecho creer que es necesario enamorar para vender, y eso no es cierto.

Piénsalo. ¿Qué contenidos suelen llamar más tu atención? ¿Las fotos superbonitas con un mensaje amable y cariñoso, o los memes graciosos y provocativos que todos compartimos a diario? Está claro que la segunda opción, pero ¿por qué? Porque ese contenido despierta en ti emociones lo suficientemente fuertes como para que te animes a actuar, ya sea compartiendo o comentando la publicación.

Ahora quiero que pienses en las campañas de publicidad que suelen despertar tu interés. ¿Intentan enamorar o provocar? Siempre buscan provocar, bordeando la delgada línea entre lo correcto y lo ofensivo. Porque, obviamente, en esto de la provocación no todo vale, y muchas veces hay que medir bien el efecto de lo que vamos a lanzar para que no se vuelva en nuestra contra. Sin embargo, no podemos dejar que el miedo a las críticas nos paralice, porque si no acabaremos siendo invisibles, que es lo peor que le puede pasar a una marca.

Sí, créeme, lo peor no es que hablen mal de ti, lo peor es que te ignoren, no ser relevante. Porque eso quiere decir que no tienes ninguna capacidad de influir en las personas y, por tanto, ninguna capacidad de venderles. Tener la atención de la gente puesta en ti o en tu marca es lo más valioso que hay, porque eso significa que te ven, te escuchan y te tienen en cuenta. Y solo así conseguirás conectar con ellos para venderles.

Así que, como marcas, nos enfrentamos a una difícil elección: no recibir críticas y estar tranquilos siendo invisibles o correr el riesgo de provocar para despertar interés y, así, crecer con nuestro negocio.

Este libro no es para todo el mundo. Lo que aquí voy a contarte solo funcionará si estás dispuesto a innovar, a crear sin miedo y a disfrutar rompiendo las reglas (solo algunas, no te voy a proponer nada ilegal). Este libro es para cualquiera que tenga un pequeño negocio y quiera destacar con sus ideas o aprender nuevas formas para promocionar sus productos o servicios. También es para todos aquellos interesados en un marketing honesto y realista que quieren descubrir una visión diferente del mercado.

Lo que vas a aprender aquí te enseñará a tener una mirada crítica del marketing tradicional, con la que podrás juzgar qué estrategias se adaptan mejor a tu negocio y cuáles están desfasadas y ya no funcionan.

Llevo desde 2015 trabajando con emprendedores y pequeñas empresas que quieren crecer en el mundo digital, y si algo me ha quedado claro en este tiempo es que la culpa nunca es del algoritmo. Siempre es nuestra. La mayoría de las veces no sabemos a quién le estamos hablando, ni mucho menos cómo ayudarle a resolver sus problemas. ¿Cómo quieres destacar si no sabes a quién te diriges para llamar su atención?

Este libro se centra en lo que creo que de verdad funciona para trazar una estrategia inteligente, sostenible y provocativa, que te ayude a destacar entre todo el ruido, hablándoles a las personas que realmente necesitan lo que tú ofreces, sin miedos ni rodeos.

No te voy a prometer que después de leerlo vas a facturar diez mil euros al mes; si alguien te promete eso, huye corriendo de ahí. Lo que sí te prometo es que vas a entender mejor las reglas del juego, vas a superar tus bloqueos y vas a terminar teniendo muy clara la estrategia que debes seguir para despertar el interés de la gente. No está mal para un solo libro, ¿no crees?

El síndrome de la niña buena

Desde pequeños todos queremos encajar, caer bien a todo el mundo, gustar. Está en la naturaleza del ser humano buscar ser aceptados y validados para sentir que estamos haciendo las cosas bien. Vivimos en una sociedad que nos enseña desde temprano a seguir las reglas, a no destacar demasiado, a no incomodar a nadie. Esta necesidad de aprobación social se manifiesta en la manera en que actuamos, nos comunicamos y, por supuesto, en cómo mostramos nuestras marcas.

Si lo piensas, seguro que de pequeña te dijeron más de una vez cosas como: «Calladita estás más guapa», «No llames la atención» o «Pórtate bien». Estas frases, que se repiten de generación en generación casi sin cuestionarlas, van dejando una huella profunda en nuestra forma de ver el mundo. Lo que parecen simples comentarios se convierten en reglas implícitas que seguimos de manera automática, sin darnos cuenta. Nos enseñan que es mejor ser discretos, no hacer demasiado ruido, no salirse de la norma. Y todo eso arraiga y genera una serie de creencias que forman lo que se conoce como el «síndrome de la niña buena».

Por eso, cuando nos mostramos en redes de forma inconsciente, queremos parecer simpáticas y agradables, o en otras palabras: una buena chica. Porque nos han enseñado que portarse bien significa ser aceptado. Y en el mundo de los negocios y el marketing esto se traduce en una obsesión por gustar a todo el mundo, por no generar controversia, por evitar a toda costa cualquier tipo de rechazo. Pero aquí viene la verdad incómoda: si intentas gustar en general, te diluyes. Pasas desapercibida.

El problema de esta mentalidad es que, para destacar en un entorno tan competitivo, no puedes conformarte con ser una buena chica. No puedes contentarte con seguir las reglas que te impusieron.

Porque en el mundo del marketing digital, ser simplemente «correcto» o «agradable» no te lleva a ningún sitio. La atención de la gente es el bien más preciado, y para captarla necesitas hacer algo más. Necesitas provocar.

Pero, claro, desde pequeñas nos dijeron que provocar estaba mal. Que reír fuerte, bailar sin vergüenza o simplemente ser diferentes era portarse mal. Provocar se percibe como algo negativo, algo que debería evitarse. Y romper con esa mentalidad no es fácil. Desafiar las reglas que llevas toda la vida siguiendo es incómodo, incluso aterrador. Pero la otra opción es seguir siendo esa niña buena que nadie percibe. Esa marca que cumple todas las reglas, pero no genera impacto. Y, sinceramente, ¿de qué sirve eso?

Si realmente quieres que tu marca destaque, debes dejar atrás a la niña buena. Porque lo contrario de estar calladita es hablar fuerte, para que todos te escuchen. Lo contrario de estar quieta es moverte, actuar, ser visible. Y lo contrario de portarse bien, al menos en el sentido convencional, es romper algunas reglas y crear las tuyas propias. Y eso es precisamente lo que vamos a hacer en este libro. Vamos a desobedecer lo que nos dijeron que debíamos hacer para crear estrategias que realmente funcionen, que destaquen, que provoquen.

No te estoy diciendo que debas ser disruptiva solo por el hecho de serlo, pero sí que te atrevas a desafiar los límites, a explorar nuevas formas de comunicar, a ser valiente y auténtica. Porque solo cuando dejas de intentar gustar a todos es cuando de verdad conectas con los que importan. Así que, deja atrás el miedo, deja atrás las reglas que no te sirven y prepárate para provocar. Porque, en el mundo del marketing, destacar no es una opción, es una necesidad.

Si no impactas, aburres

En el mundo del marketing digital no hay punto medio. La competencia por la atención es feroz y con cada acción que llevamos a cabo estamos peleando con miles de anuncios y contenidos que bombardean a la gente constantemente. Por eso, el mayor error que puedes cometer es querer gustar sin molestar. Necesitas impactar para llamar la atención. Porque si no impactas, aburres. Y si aburres, te vuelves invisible.

Piensa en cómo te comportas cuando navegas por tus redes sociales favoritas. ¿Qué es lo que te hace detenerte en una publicación? ¿Qué es lo que llama tu atención entre tanta información? Seguramente sean publicaciones que te sorprenden, te hacen reír, te emocionan o incluso te irritan un poco. Ese contenido, de alguna forma, impacta en ti y por eso te detienes a verlo, lo compartes y lo comentas con otras personas.

Ahora, piensa en los contenidos que ignoraste: ¿qué tenían en común? Lo más probable es que fueran predecibles, insulsos o simplemente parecidos a todo lo demás. Este tipo de contenido es como un murmullo en medio de una multitud. Está ahí, pero no lo notas porque no tiene nada que destaque.

Y para destacar, necesitas conectar con la gente. Necesitas que salgan del modo automático. Necesitas provocar una reacción fuerte en ellos. Puede ser risa, sorpresa, curiosidad o incluso indignación. Lo importante es que el impacto genere una emoción lo suficientemente grande como para que se animen a actuar.

Veamos un ejemplo concreto.

> Rosalía domina el marketing, la comunicación y la provocación estratégica como nadie. No hay nada en sus lanzamientos que no esté calculado al milímetro. No hay nada en sus discos

que no esté pensado para reforzar su *storytelling*. Podría hacer la misma música y no tener ni la mitad de éxito si no hubiera una estrategia de provocación detrás de todo lo que produce.

Imagina una campaña tradicional para el estreno de un single. Es lo que hacen muchos artistas que repiten la misma fórmula una y otra vez. Sacan una canción de su estilo, que suena a ellos, a lo que el público espera. Hacen varias entrevistas en la radio y en la televisión. Y pagan para que la canción suene en las emisoras que más les interesan.

Ahora, piensa en Rosalía. Se salta todos esos pasos, se adueña de la comunicación de su marca por completo. Y hace lo que nunca nadie había hecho. Estrena una canción nueva en un concierto. Consigue hacerla viral con los clips que la gente sube a las redes sociales (sin pagar publicidad). Una semana después, «Despechá» era la canción del verano, todo el mundo la conocía, la cantaba y la bailaba. Y en el siguiente concierto todos los asistentes esperaban que la interpretara.

Con esta estrategia no solo está presentando su canción de una forma original y llamativa que nadie imaginaba. También lo está haciendo delante de un público que la adora y que se siente especial por poder escucharla en directo por primera vez. Esto genera una conexión emocional con la gente, que luego lo cuenta encantada porque se siente parte de lo que significa y lo que la rodea.

Las marcas que trabajan la comunicación de forma consciente, buscando generar impacto, entienden perfectamente que la atención es un recurso muy valioso y escaso. Esto no significa que debas llamar la atención de cualquier modo, siendo disruptivo, escandaloso y chillón sin sentido, sino que debes provocar a tu audiencia con una intención clara buscando una reacción concreta en cada caso.

Mantén la autenticidad

Hoy en día, más que nunca, ser honesto, transparente y auténtico es crucial para conectar con la gente. Todos tenemos objetivos diferentes, situaciones diferentes y negocios diferentes, por eso no tiene sentido copiar la estrategia de provocación de otra marca y aplicarla esperando obtener los mismos resultados.

La provocación se debe hacer desde un lugar de confianza en uno mismo y en el mensaje que queremos transmitir. Debe ser algo que te salga natural, nunca forzado, y que refleje la personalidad y los valores de tu marca. Si impostas un personaje en redes y fuerzas la provocación, tu audiencia lo verá como algo falso y desconfiará de ti.

Esto es, sin duda, lo más difícil de todo, porque para ser auténtico primero debes buscar en la esencia de tu marca y el propósito mayor que te mueve a hacer lo que haces. Y este trabajo interno muchas veces puede ser complicado y hacernos sentir demasiado expuestos a las críticas.

Ser auténtico significa estar preparado para la reacción que provoques en las personas y para las críticas que surjan en torno a ella. Es normal que las haya, y está bien. Si quieres destacar con tu marca, no puedes gustar a todo el mundo, tienes que buscar conectar con el segmento de tu audiencia más interesado en lo que haces. Centrarte en ellos y olvidar al resto es lo que hará que tu estrategia tenga éxito a largo plazo.

¿Qué puedes esperar de este libro?

El marketing digital, que tan mala fama tiene últimamente, cuando se hace bien, es una mezcla maravillosa de creatividad y números.

Se trata de combinar ideas originales y provocadoras con datos probados para crear una estrategia sostenible a largo plazo.

En este libro vamos a explorar cómo puedes desafiar las normas establecidas y construir una estrategia que no solo capte la atención de tu audiencia, sino que también los inspire a actuar. No vamos a seguir las reglas tradicionales que te han enseñado. No vamos a buscar enamorar para vender. Vamos a romper algunos mitos, a desafiar las expectativas y, sobre todo, a divertirnos en el proceso.

Esta aventura no es para los conformistas que lo quieren todo hecho ni tampoco para los miedosos que nunca pasan a la acción. Vas a necesitar ser valiente para crear estrategias que nadie más está utilizando y, sobre todo, vas a tener que creer en ti y en tu negocio para ver los resultados que quieres.

El marketing no es una ciencia exacta, pero hay algo que sí es seguro: si haces lo mismo que todos, te quedarás en el montón. Si te conformas con las reglas tradicionales, las mismas que llevan años saturando el mercado, no esperes destacar. Porque, en este juego, destacar es la única forma de sobrevivir.

Así que ¿cómo lo hacemos? ¿Cómo nos aseguramos de que no solo nos vean, sino que también nos recuerden? La respuesta es simple: debemos provocar. Provocar para despertar la curiosidad y la emoción y, lo más importante, para mover a la acción.

Estas páginas no están diseñadas para que te sientas cómodo. Al contrario, te van a sacar de tu zona de confort. Y créeme, esa incomodidad es buena. Es la chispa que necesitas para dejar de intentar agradar a todos y empezar a conectar con los que realmente importan: aquellos que están buscando exactamente lo que tú ofreces.

A lo largo de este viaje vas a cuestionarte muchas cosas que creías seguras sobre el marketing. Aprenderás que el «gusto por gustar» es la receta perfecta para volverte irrelevante. En lugar de eso, nos centraremos en lo que realmente funciona en el mundo digital actual: hablar con honestidad, ser auténticos y, sí, atrevernos a provocar.

Este libro es un manual para quienes buscan hacer ruido, para quienes quieren romper el molde y hacer las cosas de manera diferente. Pero no es una fórmula mágica, ni una promesa vacía de éxito instantáneo. Se trata de una invitación a desafiar lo establecido y a encontrar tu propio camino. Porque si sigues las mismas estrategias que el resto, al final del día verás que no has estado creando, has estado copiando.

Prepárate para dejar atrás el marketing convencional y adoptar una estrategia provocativa que realmente funcione. ¿Estás listo para ser valiente, atrevido y auténtico?

PRIMERA PARTE
El camino de la provocación

Cuando se trata de provocar, no puedes dirigirte a todo el mundo. Intentar captar la atención de un público demasiado amplio es una estrategia que está condenada al fracaso. En un mercado tan saturado como el actual, lleno de mensajes que compiten por un segundo de atención, tu objetivo no es ser escuchado por todos, sino por aquellos que realmente importan. Esos pocos que, cuando te escuchan, no solo prestan atención, sino que se sienten identificados, se emocionan y responden. Aquí es donde comienza el camino de la provocación, y el primer paso es tener claro a quién quieres provocar, qué quieres conseguir y qué vas a ofrecerles.

Saber a quién vas a provocar es la base de todo. No puedes conectar con un grupo específico si no sabes quiénes son, qué les interesa y cómo puedes conectar con ellos. Aquí entra en juego la importancia de encontrar un nicho en el que puedas destacar. Ese espacio de mercado reducido donde puedes ser más atrevido, más específico y, sobre todo, más efectivo. Elegir un nicho no significa limitarte, sino concentrar tus esfuerzos para convertirte en la referencia que entiende mejor que nadie las necesidades de un público particular. En este capítulo exploraremos cómo identificar ese nicho, cómo construir un avatar de cliente ideal que te sirva de brújula y cómo desarrollar un mensaje que conecte a un nivel personal y emocional.

Pero conocer a tu audiencia no es suficiente si no tienes claro el objetivo de tu provocación. Provocar sin propósito es una estrategia vacía que no lleva a ninguna parte. Tu mensaje debe tener una intención clara: ¿quieres inspirar, desafiar, educar o generar conversación? Cada provocación debe responder a un fin específico y alinearse con la visión general de tu marca. Aquí hablaremos sobre cómo definir tus objetivos de manera estratégica y sobre la importancia de medir cada acción para entender si estás avanzando hacia ellos.

Y, finalmente, una vez que tienes claro a quién te diriges y cuál es tu propósito, llega el momento de responder a una pregunta crucial: ¿qué les vas a ofrecer? Para que la provocación tenga sentido y funcione, debe ir acompañada de una propuesta de valor única que diferencie a tu marca en el mercado. No basta con captar interés; debes ofrecer algo que realmente resuelva un problema, cubra una necesidad o haga sentir a tu público algo especial. En este capítulo veremos cómo construir una propuesta de valor sólida, cómo validar tu idea en el mercado y cómo asegurarte de que lo que ofreces es tan provocativo como tu mensaje.

Provocar no es solo llamar la atención; es tener el valor de desafiar las normas, de hablar de forma honesta y directa, y de crear una conexión genuina con tu audiencia.

Esta primera parte te llevará paso a paso por el proceso de identificar a quién vas a provocar, establecer el propósito de tu provocación y diseñar una propuesta única que no solo capte la atención, sino que genere impacto. Este es el inicio de todo: aquí es donde tu marca comienza a destacar, no por gritar más fuerte, sino por hablar con claridad a las personas adecuadas y de la manera correcta. Este es el punto de partida para que tu marca deje de ser una más y empiece a destacar de manera relevante.

1
¿A quién vas a provocar? Encuentra un nicho en el que destacar

Como ya te he adelantado en la introducción de esta primera parte, para que tu estrategia de provocación funcione, tienes que hablarle al público adecuado. En un entorno tan competitivo como el actual, intentar dirigirte a todo el mundo es igual que gritar en una discoteca: vas a acabar sin voz y nadie te va a escuchar. La clave para destacar no está en gritar más o en intentar llamar la atención haciendo payasadas sin sentido. Porque lo único que vas a conseguir si lo haces es que te miren con desconfianza, o incluso ni eso.

El secreto para destacar entre el ruido y la multitud reside en buscar un lugar reservado en el que poder hablarle a un selecto grupo de personas que están realmente interesadas en lo que tienes que contar. Ese es tu nicho.

El primer paso de cualquier estrategia inteligente es entender a la perfección a quién quieres provocar y por qué. Si no tienes claros estos dos puntos, tu mensaje será difuso y no llegará a la audiencia adecuada. Y no se trata de buscar nichos al azar, creando programas específicos para *coaches* o psicólogos como hacen algunos, que parece que solo quieren ponerle una etiqueta al nombre del programa, sin pararse a pensar en nada más.

Se trata de conocer a fondo a ese nicho específico, de entender mejor que nadie sus necesidades y de saber perfectamente qué decirles para conectar con sus emociones. Descubrir y entender a ese nicho conlleva un análisis de tu marca y de las relaciones que has establecido hasta ahora para ver en qué segmentos tu mensaje resuena con más fuerza y tú te sientes más cómodo.

Piensa que vas a tener que entender su mundo y sus peculiaridades a la perfección. Deberás hablar su lenguaje y comunicar en términos que les sean conocidos y fáciles de comprender. Y lo más importante, vas a tener que conocer sus miedos, sus problemas y sus aspiraciones, porque solo así podrás ofrecerles algo que los ayude realmente.

Veamos un ejemplo.

> La marca de cosméticos Lush se especializa en productos de belleza y cuidado personal hechos a mano y éticos. Su nicho son los consumidores que valoran la sostenibilidad y los ingredientes naturales, y se ha enfocado en comunicar con claridad sus valores y prácticas. Esto ha ayudado a la marca a diferenciarse de forma manifiesta desde el principio y a destacar en un mercado ultracompetitivo como es el de la cosmética.

Convertirte en un referente para un sector específico aumentará el valor percibido de tu marca y, por tanto, su reputación, extendiendo esa imagen a otros ámbitos diferentes y expandiendo así tu mensaje cada vez a más gente. Esta es la esencia de una estrategia que busca no solo provocar, sino hacerlo de manera inteligente y sostenible a largo plazo.

La importancia del nicho

La importancia de elegir un nicho específico de mercado se popularizó gracias al libro *La estrategia del océano azul*, de W. Chan Kim y Renée Mauborgne.

En él, los autores explican que, cuando un mercado está saturado, la única forma de tener éxito es luchando con la competencia por conseguir clientes, lo que hace que las aguas se vuelvan sangrientas y rojas. Sin embargo, si navegas más allá de esos océanos rojos, en busca de aguas azules donde el mercado todavía no ha sido explotado, aumentarás tus posibilidades de supervivencia a largo plazo. El objetivo es encontrar un nicho en el que no tengas competencia, en lugar de pelear para destacar en un mercado saturado.

Para apoyar su hipótesis, los autores estudiaron 108 nuevos negocios en 30 sectores empresariales. El 86 por ciento de estos lanzamientos fueron extensiones de productos ya existentes, es decir, mejoras dentro del océano rojo. El otro 14 por ciento de los lanzamientos se centró en crear océanos azules y generó el 38 por ciento de los ingresos totales. Con esos datos pudieron comprobar las notables diferencias de desempeño entre las dos estrategias.

La lección clave de la estrategia del océano azul es esta: no hace falta ser todo para todos, solo ser imprescindible para alguien muy concreto. Y ahí es donde entra la importancia de un nicho bien definido. Navegar hacia tu propio océano azul implica identificar un grupo de personas cuyas necesidades no están siendo atendidas o cuyos problemas pueden resolverse mejor de otra forma. Pero esto no significa simplemente añadir etiquetas llamativas a tus servicios o intentar encajar en tendencias pasajeras. Significa profundizar en la verdadera esencia de a quién puedes ayudar mejor y cómo puedes hacerlo de manera diferente.

Un nicho es un grupo de personas con los mismos intereses,

necesidades y problemas específicos a los que tu marca puede ofrecer una solución única. Como he explicado antes, esta búsqueda del nicho nada tiene que ver con centrarte en sectores que no conoces solo porque están de moda o porque crees que hay más oportunidades dentro de ellos. A veces, coincide que este grupo de personas tienen profesiones similares pero otras veces no tiene por qué ser así.

En este punto, a menudo el miedo a perder clientes nos asalta, y nos bloqueamos cuando tenemos que acotar nuestro mensaje para dirigirlo a un grupo muy concreto de personas. No tengas miedo por no hablarle a todo el mundo, hay gente que te leerá y pensará «Esto no es para mí»; eso es bueno, eso es lo que quieres que pase. Eso significa que estás haciendo las cosas bien.

Sin embargo, a cambio de perder la atención de algunos, te asegurarás de que los que te lean se sientan especialmente conectados con tu marca y tu mensaje. Solo así podrás destacar de forma significativa y causar un gran impacto en ese segmento seleccionado de tu audiencia.

La curva de la difusión de ideas

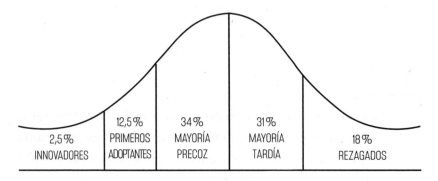

Según la ley de la difusión de innovación de Everett Rogers, la gente se encuentra dividida en cinco segmentos en función de su predisposición a adoptar nuevas ideas o productos. Según esta teoría, solo la gente que asume riesgos y difunde ideas en la izquierda de la curva está dispuesta a escucharte y comprarte. Esto supone el 2 por ciento de tu audiencia.

El resto de la curva no te escuchará, ni tampoco te comprará en este momento. Y es importante que sepas esto para enfocar tu energía en las personas indicadas.

Sea cual sea el sector, los nuevos productos y servicios que alcanzan el éxito siguen el mismo patrón tras su lanzamiento. Así:

- Primero los compran los innovadores, esas personas a las que les gusta ser las primeras en probar algo. Quizá ni siquiera son los que más necesitan el producto, pero disfrutan con la sensación única de estar haciendo algo novedoso, de sentirse especiales y diferentes por ello.

- A continuación llegan los primeros adoptantes, aquellos que creen que tienen ventaja sobre los demás por haber descubierto algo novedoso y que todavía es medio secreto. En ellos está la clave, y si consigues pasar su filtro, llegarás al resto de la curva con mayor facilidad. Porque son ellos los que van a compartir su secreto con los demás, son ellos los que te van a recomendar y van a hablar bien de ti a otras personas. Y cuando eso pasa, la idea llega al resto de la curva.

- Después, estos consumidores difunden entre la mayoría precoz y rezagada un nuevo producto o servicio maravilloso, y esta quiere probarlo para no quedarse atrás. Estas personas no están especialmente predispuestas a probar nuevos productos, pero si un gran número de conocidos se los recomienda, es probable que acaben comprando.

- Y, por último, completan la curva los tradicionales, los que solo compran algo cuando todo el mundo ya lo ha probado y está adquiriendo la siguiente novedad.

El gran error de muchos emprendedores es querer hablarle a la parte central de la curva, pensando que si los escucha más gente llegarán más lejos. El problema es que esa gente no quiere escucharte, aún no están preparados para lo que les tienes que contar, y por eso tu mensaje se pierde. Y tú acabas frustrado sin entender qué ha ido mal.

Solo el 2 por ciento del público que te sigue está listo para escucharte, entender tu mensaje y comprar lo que le quieres ofrecer. Tu trabajo es encontrar a ese pequeño porcentaje de personas para conectar con ellas.

Conoce tus fortalezas y debilidades

Antes de mirar hacia fuera e intentar captar la atención de alguien, primero debes mirar hacia dentro. Porque solo serás capaz de conectar con tu mensaje y con lo que transmites si de verdad lo crees y lo sientes. Por desgracia, el mundo del marketing está lleno de impostores, no seas uno de ellos. Eso en sí ya es un éxito.

- ¿Qué es lo que haces muy bien?
- ¿Qué te hace diferente a los demás?
- ¿En qué te apasiona trabajar?

Estas preguntas te van a ayudar a entender en qué aspectos puedes destacar de forma natural para potenciarlos en tu comunicación.

Si intentas forzar un posicionamiento o una imagen con lo que no te sientes cómodo o con algo en lo que no tienes experiencia, tu mensaje sonará forzado y la gente lo notará.

Para encontrar los puntos fuertes de tu marca siempre me gusta recomendar un ejercicio muy sencillo. Lee los testimonios de tus clientes, en ellos están todas las respuestas. Muchas veces nos empeñamos en querer destacar elementos de nuestra marca que no son los que más valora nuestra clientela. Y nos perdemos en ellos pensando que son importantes cuando, en realidad, lo que nos hace diferentes es otra cosa que no estamos viendo.

Por suerte, desde fuera las cosas se ven con mayor claridad, y seguramente la mayoría de tus clientes coinciden en destacar un par de aspectos clave de trabajar contigo. Esas son tus fortalezas.

Por ejemplo, puede que varios de tus clientes hayan mencionado en sus comentarios tu capacidad para escucharlos, entendiendo a la perfección lo que quieren, y tu profesionalidad a la hora de entregar los encargos según el calendario establecido. Puede que estés erróneamente intentando destacar lo creativo y divertido que eres, porque es lo que hace tu competencia, cuando según tus clientes deberías poner en valor tu puntualidad en las entregas y tu facilidad para descifrar lo que necesita cada uno.

Ahora quiero que te preguntes:

- ¿Qué es lo que menos te gusta de tu trabajo?
- ¿Qué cosas se te dan bien pero no te gustan?
- ¿Qué cosas te gustan pero no se te dan bien?

Este ejercicio no es para machacarte buscando fallos o mejoras sin sentido. El objetivo es que seas capaz de localizar las debilidades de tu marca, los aspectos en los que no vas a intentar competir o las características que no vas a pretender potenciar en la comunicación.

Por ejemplo, a mí se me da muy bien cocinar, pero no me gusta nada hacerlo, así que nunca montaría un negocio de cocina o repostería porque lo odiaría. En el caso contrario, tenemos cantar y bailar, que me gustan mucho, pero que se me dan fatal. No tiene sentido que intente mejorar en algo en lo que soy terrible, voy a perder el tiempo y terminar frustrada. Es mucho más inteligente intentar mejorar en lo que ya eres bueno de manera natural para llegar a ser excelente y, así, poder destacar.

Analiza las posibles amenazas y oportunidades

No se trata de mirar a tu competencia para copiarla o para compararte y sentirte mal por todas las cosas que podrías estar haciendo mejor. Se trata de estudiar el mercado con el fin de encontrar huecos en los que poder colarte para destacar. Se trata de saber si alguien más tiene una propuesta similar a la tuya para localizar aspectos diferenciadores que puedas potenciar.

Ahora quiero que te preguntes: ¿es un nicho de mercado con alta demanda? ¿Hay muchos competidores en ese sector? ¿Existe una necesidad inmediata por consumir tus productos?

Normalmente, en los nichos con alta demanda hay más competidores, por lo que es más importante aún provocar para destacar y generar una reacción. En estos mercados saturados (como ya sabemos, definidos como «océanos rojos» en el libro *La estrategia del océano azul*), las empresas compiten salvajemente por una porción del mercado existente, utilizando muchas veces estrategias de marketing agresivas y descuentos en los precios para captar la atención de los clientes.

Por otro lado, hay nichos con muy poca demanda en los que la competencia es casi nula, creando los llamados «océanos azules». En estos espacios de mercado, las empresas se alejan de la competencia al ofrecer productos o servicios innovadores que los hacen destacar con facilidad; simplemente por el hecho de ofrecer ese producto tan específico ya vas a diferenciarte. Y ser el primero en un nicho concreto siempre es garantía de éxito.

Con esto, no te quiero decir que vayas a buscar el segmento más raro y extravagante que puedas encontrar, pero sí que no te dejes cegar por los sectores en auge o de moda, porque normalmente son los que más competencia tienen y, por tanto, los que presentan mayores dificultades de crecimiento.

> El Circo del Sol es un claro referente de éxito en un océano azul porque, en lugar de competir directamente con los circos tradicionales (océano rojo), creó un nuevo espacio en el mercado. Mientras los demás se enfocaban en actuaciones con animales salvajes, trucos de magia y payasos, el Circo del Sol optó por crear espectáculos que fusionaban teatro, danza, acrobacias y música en un formato totalmente innovador. Mantuvo la esencia del circo, utilizando elementos tradicionales como la carpa, las acrobacias y los payasos, y la fusionó con la sofisticación y la riqueza visual del teatro consiguiendo generar un nuevo concepto en el que no tenía competencia, es decir, un océano azul.

Otra cosa que debes tener en cuenta para entender mejor tu posicionamiento en el mercado son los factores externos que te pueden afectar directamente, suponiendo, incluso, una amenaza para tu negocio. ¿Tu producto o servicio depende de otros proveedores? ¿Tu competencia tiene muy fidelizados a sus clientes?

No es lo mismo ofrecer un servicio que solo depende de ti y que no tiene terceras partes involucradas que vender un producto que depende de otros proveedores para su fabricación o distribución. En el segundo caso, el precio está condicionado por factores externos y te será más difícil obtener un alto margen de beneficio si no trabajas bien la diferenciación de la marca con una buena estrategia de provocación.

Encuentra los problemas y los deseos de tu nicho

La clave para conectar emocionalmente con las personas de tu nicho es conocer a la perfección sus problemas y sus deseos. Solo haciéndolo podrás darles la solución que están buscando en este momento.

- ¿En qué situación se encuentran actualmente?
- ¿Cuáles son los miedos y bloqueos que les impiden avanzar?
- ¿Qué soluciones han probado ya y no les han funcionado?
- ¿Cuáles son sus anhelos y aspiraciones?

Cuanta más claridad tengas en torno a estas cuestiones, más fácil te resultará crear un mensaje provocativo que los mueva y los anime a actuar. Debes conocer la respuesta a todas estas preguntas para poder crear una estrategia que realmente tenga resonancia en las personas de ese nicho de manera auténtica.

En mi caso, como diseñadora web, trabajo con emprendedoras que ya tienen su negocio establecido y buscan una web que esté a la altura de su profesionalidad y de las necesidades de un negocio digital en expansión.

Sé que muchas de ellas se sienten frustradas porque su web actual no refleja todo lo que han conseguido con su negocio: no comunica la calidad de sus servicios, no está optimizada para convertir visitas en ventas y, en muchos casos, no transmite bien la identidad de la marca. Además, han probado soluciones con diseñadores que no entienden sus objetivos empresariales o con desarrolladores que crean páginas funcionales, pero sin personalidad ni estrategia.

Aquí es donde mi dualidad marca la diferencia: como diseñadora, cuido cada detalle estético para que su web sea una extensión de su marca, de forma que refleje su esencia y conecte con su cliente ideal. Pero también entiendo las necesidades técnicas y estratégicas de un negocio digital que está creciendo. Sé cómo optimizar una web para que sea no solo un escaparate atractivo, sino también una herramienta que las ayude a impulsar su crecimiento.

Por eso, mi mensaje es claro cuando hablo con ellas: «Diseño webs que combinan la creatividad de una diseñadora con la visión estratégica de un negocio digital. Tu web no solo será bonita, sino que también estará optimizada para captar clientes, reflejar tu profesionalidad y ayudarte a seguir creciendo».

Este enfoque les demuestra que comprendo tanto sus frustraciones como sus aspiraciones, y que puedo ofrecerles una solución integral que las acompañe en su evolución como emprendedoras consolidadas.

> Para responder a todas las preguntas que hemos visto en este apartado, puedes descargar el dosier de ejercicios en el siguiente enlace:
>
> **elenaguirao.com/bonus**

Crea tu avatar de cliente ideal

Ha llegado el momento de hablar del famoso cliente ideal. Ese 2 por ciento de la curva que está dispuesto a comprarte ahora. Ese perfil concreto, dentro del nicho que has elegido, con el que vas a conectar mejor.

Y es que, ya que tienes un nicho específico que conoces y que entiendes a la perfección, toca ponerles cara a las personas interesadas en lo que ofreces.

Un avatar de cliente ideal es una descripción muy detallada (cuanto más, mejor) de esa persona que necesita exactamente lo que tú ofreces, que está feliz de pagar el precio que pides y que te va a recomendar a los demás con los ojos cerrados.

Y se deben cumplir todas esas características para que alguien sea tu cliente ideal. Porque hay personas que necesitan lo que ofreces pero no quieren pagarlo. Y al revés, hay quienes quieren pagar por tus productos o servicios pero en realidad no los necesitan. Es en el encuentro de esos tres puntos donde se halla tu cliente ideal.

¿Por qué debes identificar a tu cliente ideal?

Muchos emprendedores se equivocan en este punto, incluso hay grandes empresas que también lo hacen. Es posible que creas que sabes quién es tu cliente ideal porque tienes una lista de datos demográficos que lo definen. O peor aún, que pienses que este puede ser cualquiera porque lo que haces es útil para todo el mundo. Por ello, quiero que entiendas las razones por las que es preciso identificar a tu cliente ideal:

1. Los mercados están tan saturados que intentar vender a todo el mundo es lo mismo que no venderle a nadie. Si hablas a todo el mundo, no serás relevante en ningún nicho. Si intentas provocar a todo el mundo, caerás en la clásica trampa de querer ser el más ruidoso de la fiesta, gritando y saltando para que los demás te miren sin un objetivo claro, ni una meta más allá de conseguir un minuto de atención.

2. Identificando a tu cliente ideal estás tomando el control de tu negocio. Estás eligiendo con quién quieres trabajar y con quién no. Estás poniendo en valor tu tiempo y tus conocimientos. Estás dando prioridad a las personas que realmente aprecian lo que haces.

3. Cuando te enfocas en un cliente muy específico puedes dirigir mejor tus acciones, diseñando campañas puntuales que no requieren una inversión enorme en publicidad, ni tampoco un gran equipo para ejecutarlas.

4. Es mucho más fácil crear contenido para una audiencia pequeña y concreta. Si tienes en mente a tu cliente ideal, puedes centrar tus esfuerzos en provocar la reacción que buscas en ese tipo de persona y no preocuparte para nada del resto.

Atraer a tu cliente ideal te va a permitir destacar entre el ruido y hacer que tu mensaje sea escuchado por las personas adecuadas. Podrás crear productos y servicios únicos, pensados para resolver unas necesidades muy específicas. Y conseguirás reunir a una comunidad de clientes fieles en torno a tu marca.

Tómate el tiempo preciso para entender bien a tu cliente, para saber qué le preocupa y qué problemas tiene en este momento. Porque ahí está la clave de toda la estrategia. Porque solo así lograrás que las personas confíen en ti, que conecten con tu mensaje.

Por eso, antes de avanzar más, es imprescindible que crees tu avatar de cliente ideal. Un perfil detallado de esa persona que reúne todas las características necesarias para apreciar tu trabajo por encima del de los demás. Esto incluye información demográfica como edad, género y país de residencia. Pero, más importante aún, incluye información psicográfica como sus metas, sueños, valores, miedos y deseos. Los datos demográficos son necesarios, pero no dejan de ser superficiales, sin embargo, en las características psicográficas es donde está la clave.

Es vital que tu avatar de cliente ideal sea lo más específico posible, porque lo que definas en este punto va a impactar en toda tu estrategia. En el *branding*, en el contenido orgánico, en las campañas de publicidad, en la creación de productos. Es algo que afecta a todas las áreas de tu negocio.

Este ejercicio te dará mucha claridad sobre a quién le estás hablando y te ayudará a tomar decisiones importantes en tu estrategia de provocación más adelante. Es crucial que comprendas a tu cliente ideal en profundidad y que no te quedes simplemente en rasgos superficiales que engloban a mucha gente, ya que eso no te funcionará.

Información demográfica de tu cliente

Empezamos con la información básica de tu cliente ideal. La clásica descripción donde se establecen su edad, género, estado civil, nivel educativo, ocupación, ingresos o nacionalidad. Si tienen hijos y la edad de estos. Si tienen mascotas.

Es posible que ya tengas bastante claros estos datos, pero, si no es así, te animo a que hagas un ejercicio muy sencillo. Piensa en los clientes con los que más has disfrutado trabajando de todos los que has tenido hasta ahora. Luego, haz una lista con todas las cosas que tienen en común. ¿Comparten rango de edad, género, profesión, ciudad, valores o estilo de vida?

Ahora quiero que crees tu avatar de cliente ideal en un documento. Primero ponle un nombre ficticio, ya que eso te ayudará a darle vida y a imaginarlo mejor. Después construye el perfil de tu cliente ideal con detalles específicos:

- **Nombre:** Ponle un nombre a tu avatar para humanizarlo.
- **Edad:** ¿En qué rango de edad se encuentra?
- **Género:** ¿Cuál es su género?
- **Ubicación:** ¿Dónde vive? ¿En una gran ciudad, en la playa, en el campo?
- **Trabajo:** ¿A qué se dedica? ¿Cuál es su nivel de ingresos?
- **Estado civil:** ¿Está soltero, casado, con hijos?
- **Intereses y hobbies:** ¿Qué hace en su tiempo libre?
- **Valores y creencias:** ¿Qué le importa realmente?

Por ejemplo, tu avatar podría ser Annie, una mujer de treinta y ocho años que vive en una ciudad grande, es emprendedora, trabaja en el sector del *branding* y de la imagen, tiene ingresos estables y es mamá de dos hijos. Le apasiona la moda y en su tiempo libre le gusta ir a bailar y salir a cenar con sus amigas.

Segmentación psicográfica de tu cliente

Ahora es cuando la cosa se pone interesante. En esta parte vamos a detallar los problemas específicos de tu cliente ideal y las motivaciones que le hacen pasar a la acción.

- ¿Qué problemas tiene ahora mismo que tú podrías resolver?
- ¿Qué sueños o aspiraciones le podrías ayudar a cumplir?
- ¿Qué motivaciones tiene para hacer lo que hace?

Por ejemplo, Annie podría estar frustrada porque no encuentra una diseñadora web de confianza que capte su estilo y le resuelva los problemas técnicos de su negocio digital. Su motivación principal es crecer con su negocio online, pero para ello primero tiene que encontrar a alguien de confianza en quien poder delegar toda la parte técnica del desarrollo de la web.

Problemas y motivaciones

Antes de poder resolver los problemas de tu cliente, primero necesitas identificar cuáles son. Y en este punto, hay un detalle muy importante que debes tener en cuenta. Debes identificar no solo qué problemas tiene, sino cuáles le preocupan especialmente y quiere resolver de inmediato.

Porque una cosa es tener un problema y otra muy distinta es querer solucionarlo. Tu cliente ideal tiene un problema concreto que, además, le preocupa y desea solucionar. Se deben dar las tres circunstancias para que puedas ayudarle. Muchas veces nos empeñamos en querer vender cosas a gente que no es consciente de que tiene un problema o que simplemente no le preocupa y no lo quiere corregir.

Por ejemplo, sería un error asumir que alguien que está calvo estará interesado en un trasplante capilar. Se tienen que dar más factores, además de ese, para que esa persona cumpla con las características de cliente ideal. Puede que esté feliz con su aspecto físico, puede que la calvicie no le suponga un problema y, por tanto, no tenga nada que solucionar.

Una misma situación, para dos personas diferentes, puede ser problemática o no. Ahí está la clave del análisis que tienes que hacer. La persona no solo tiene que estar en una situación específica en la que tú le puedes ayudar, sino que esa situación le debe preocupar, le debe generar estrés, le debe quitar calidad de vida.

Ahora quiero que te preguntes:

- ¿Con qué problemas está lidiando tu cliente ideal?
- ¿Cuáles son sus miedos?
- ¿Qué le preocupa?
- ¿Qué le estresa?
- ¿Cuánto le está costando?
- ¿Le está suponiendo tiempo, dinero, tranquilidad, felicidad?
- ¿Cómo se siente por esto? ¿Estresado, ansioso, deprimido, preocupado, frustrado?

Una vez tengas la respuesta a todas estas preguntas, sabrás mucho mejor cómo vas a provocar a tu cliente ideal para generar una reacción concreta. Sabrás mucho mejor qué tienes que decir en cada momento para que sienta que le estás hablando a él directamente. Sabrás qué tienes que ofrecerle para que piense que aquello que vendes está creado a medida para él.

Barreras y objeciones

Identifica las posibles objeciones que podría tener tu cliente ideal a la hora de comprar tus productos o servicios.

- ¿Qué obstáculos podría tener?
- ¿Qué dudas necesita que aclares?

Si te adelantas a tu cliente, teniendo en cuenta desde el principio las posibles objeciones que pueda tener y las incluyes en tu mensaje, te será mucho más fácil conectar con él porque sentirá que le estás leyendo el pensamiento.

Las objeciones más comunes a la hora de adquirir un producto o servicio suelen ser el tiempo y el dinero, aunque puede que en tu sector localices otras diferentes.

Otra barrera muy común que te puedes encontrar son las malas experiencias previas. Si estás en un nicho muy saturado, esto puede ser bastante normal, por lo que vas a necesitar testimonios y garantías que te ayuden a sostener tu mensaje con la mayor credibilidad posible.

Metas y aspiraciones

Ahora llegamos a la parte positiva. A esas emociones que ilusionan a tu cliente, que lo hacen querer mejorar, que lo motivan a crecer.

- ¿Qué quieren conseguir tus clientes?
- ¿Por qué quieren conseguirlo?

- ¿Dónde les gustaría verse dentro de unos meses?
- ¿Cuáles son sus grandes metas?
- ¿Qué persona aspiran ser?

No cometas el error de responder a estas preguntas de forma superficial porque, entonces, no obtendrás el resultado que buscas. No pienses que su motivación es ganar más dinero, tener más tiempo libre, estar más organizado. Todas esas respuestas son solo la primera capa de algo mucho más importante.

Si alguien quiere ganar más dinero, es porque quiere hacer algo con él, como darle una mejor calidad de vida a su familia; este sería el propósito real de esa persona. Si alguien quiere tener más tiempo libre, puede que sea para poder viajar más y, por fin, visitar destinos con los que lleva años soñando. Si alguien quiere estar más organizado, puede que sea para incluir el deporte en su rutina diaria o para poder pasar más tiempo con sus hijos.

Para responder a estas preguntas y llegar a conocer a fondo a tu cliente ideal, debes pensar en el propósito mayor que los mueve. Cuál es esa gran motivación que tienen y que los empuja a actuar.

> Si quieres crear tu perfil de cliente ideal respondiendo a todas las preguntas que acabamos de ver, puedes descargar el dosier de ejercicios en el siguiente enlace:
>
> **elenaguirao.com/bonus**

Con quién no quieres trabajar

Ahora que ya tienes claro con quién quieres trabajar, toca definir con quién no quieres hacerlo. Y es que conocer a las personas que no son tus clientes ideales es imprescindible para que puedas atraer al público adecuado y asegurarte de no terminar trabajando para personas que no valoran tu tiempo y tus conocimientos.

Da igual lo que vendas y lo simpático que seas, nunca vas a poder complacer a todo el mundo, ya que tu tiempo y tu energía son limitados. Siempre va a haber gente que te haga peticiones poco razonables, que no respeten tus tiempos de trabajo, que no valoren tu opinión o que vayan buscando el presupuesto más barato de todos.

Lo cierto es que hacen todo eso porque realmente no valoran tu trabajo, es posible que incluso ni siquiera lo entiendan bien. Estas personas van a robar tu tiempo, tu energía y tu atención. Te van a desgastar mientras intentas complacerlas, y nunca van a estar satisfechas con el resultado. En definitiva, vas a perder un tiempo y una energía valiosos que podrías utilizar en trabajar con clientes que de verdad valoran lo que haces.

Siempre he dicho que los clientes tóxicos no existen, porque la culpa no es de ellos, es tuya. Por no saber decir que no, por no dejar claras las condiciones de trabajo desde el principio, por no saber establecer límites sin miedo. Y es que, muchas veces, el ansia de conseguir un cliente nos ciega, y acabamos diciendo que sí a todo pensando que ya lo solucionaremos más adelante. Ahí es cuando empiezan los problemas, en la falta de comunicación y límites claros de trabajo desde el principio.

La mayoría de la gente piensa que cuantos más clientes tenga, mejor será para el negocio. Pero yo no estoy de acuerdo: no necesitas más clientes, necesitas mejores clientes. Y para conseguirlos tienes que dejar de querer gustar a todo el mundo, tienes que dejar de dirigirte a todos, tienes que dejar de perseguir clientes en cualquier sitio.

> Harley-Davidson es el ejemplo perfecto de lo que te estoy diciendo. No es una marca para cualquiera. Conocen perfectamente a su público y también saben a quién no dirigirse. Si intentaran gustar a todos, perderían su estatus, su diferenciación, y no gustarían a nadie.

Sé que no es fácil llegar a ese punto, se necesita convicción y valor. Convicción en lo que estás haciendo y en quién eres. Valor para decir que no, sin temor, a clientes que te van a desviar de tu camino. Si lo piensas, te darás cuenta de que se trata de un ejercicio de respeto, hacia tus clientes y hacia ti mismo. A tus clientes les demuestras que los respetas lo suficiente como para ser honesto con ellos y no hacerles perder el tiempo. Y a ti mismo te dices que valoras mucho tu trabajo y no quieres malgastarlo con gente que no lo aprecia como debería.

Crea una historia que conecte

Ahora que ya tienes identificado tu nicho de mercado y tu avatar de cliente ideal, ha llegado el momento de crear un mensaje que tenga resonancia en tu público para captar su atención. Este mensaje debe estar pensado para que toque las emociones, deseos y frustraciones de tu audiencia. Curiosamente, es aquí donde fallan la mayoría de las marcas. Porque, después de definir su nicho y su cliente ideal, se olvidan del trabajo que han realizado y crean mensajes pensados para todo el mundo.

Tu mensaje no puede ser genérico, pues tu cliente ideal es alguien muy específico. De hecho, si has trabajado bien los dos puntos anteriores, deberías tener muy claro qué quieres transmitir y cómo quieres hacerlo. Aquí es donde entra en juego la identidad verbal de tu marca, que te permitirá comunicarte de forma auténtica y coherente con tu audiencia. Pero ¿qué es la identidad verbal? ¿De qué elementos se compone?

La identidad verbal es la personalidad que tu marca proyecta a través de su lenguaje. Abarca todo, desde las palabras que utilizas en tus publicaciones en las redes sociales hasta tu tono de voz en las reuniones con los clientes.

Piénsalo de esta manera: tu identidad verbal es como el acento característico de tu marca. Así como la manera de expresarse de una persona puede aportar información sobre su carácter o su lugar de residencia, tu identidad verbal revela información sobre la personalidad, los valores y la misión de tu marca.

Para trabajar la identidad verbal de tu marca debes tener en cuenta elementos como:

- **El tono de voz:** Basado en la personalidad de la marca y las preferencias de la audiencia. Una marca juvenil podría optar por un tono informal y divertido, mientras que una marca de lujo podría elegir un tono más elegante y sofisticado.

- **El eslogan de marca:** Una frase corta y fácil de recordar que exprese la promesa de la marca. Debe ser único, representativo y acorde con el tono de voz.

- **Los mensajes clave:** Frases y declaraciones que resumen los valores y la propuesta de la marca. Es importante que reafirmen las creencias de tu cliente ideal.

- **La coherencia del discurso:** La identidad verbal debe aplicarse de manera coherente en todos los canales de comunicación de la marca.

Si buscas destacar con tu marca en un mercado muy saturado, las palabras que elijas para posicionarte van a ser clave en tu estrategia. Además, tener una identidad verbal sólida te ayudará a crear una estrategia coherente, auténtica y sostenible a largo plazo.

Encuentra tu tono de voz

El tono de voz debe reflejar la personalidad y los valores de tu marca. Y también los tuyos. Porque si eres tú quien va a poner la voz al mensaje, para que suene auténtico debe sonar a ti. Todos tenemos expresiones, palabras o acentos que nos representan de manera natural, y utilizarlos a nuestro favor para destacar será una estrategia muy inteligente.

No intentes forzar expresiones o palabras extravagantes que no van contigo para llamar la atención. Hay demasiada gente haciéndolo en las redes sociales, y se percibe forzado y ridículo. No tiene sentido intentar impostar un personaje, te va a resultar muy difícil mantenerlo en el tiempo y solo vas a conseguir que cuando la gente lo descubra se sienta engañada.

Tampoco te recomiendo que cojas palabras o expresiones que están de moda o que utiliza tu competencia porque lo único que vas a conseguir es sonar igual que los demás. La palabra de moda cambia cada poco tiempo, pero el proceso de copia y repetición es siempre el mismo. Primero aparece algún referente importante que utiliza una palabra llamativa y diferente para nombrar su nuevo producto o servicio, y unas pocas semanas después todo el mundo tiene «un diseño memorable», «una marca magnética» o «una estrategia disruptiva». No entres ahí, no te interesa.

Para captar la atención de tu cliente ideal tienes que hablar su lenguaje, utilizar expresiones con las que se pueda identificar, hacer que sienta que le hablas a él todo el tiempo. Hay detalles en la comunicación que pueden reforzar la conexión con tu cliente o, por el contrario, que te alejen de él. Por eso es muy importante que controles las palabras y los términos que utilizas para no llevarte sorpresas.

Por ejemplo, si vendes productos o servicios para mujeres que acaban de ser mamás, una estrategia muy común en este sector es llamar al cliente «mami». Lo hacen en las guarderías y en muchas marcas de productos para bebés. Con esto conectan directamente con ese nicho y refuerzan su recién adquirida maternidad.

Sin embargo, esa misma palabra utilizada fuera de ese nicho puede ser un repelente de clientes. Si en una sesión de venta para acceder a un programa de marketing a mí me llamaran «mami», me iría corriendo de allí espantada para no volver jamás.

Como ves, hablar el lenguaje de tu cliente ideal no consiste solo en emplear su vocabulario y expresiones, sino también en reflejar sus valores y conectar con sus emociones. A continuación, vamos a ver tres ejemplos de marcas conocidas que tienen un tono de voz característico, pensado para provocar emociones en su cliente ideal, y que mantiene la coherencia en todos los canales de la comunicación:

- **Coca-Cola:** Su tono de voz es optimista, alegre y positivo. Sus campañas suelen enfocarse en la felicidad y la conexión humana.

- **Apple:** Su tono es claro, conciso y sofisticado. Prefieren un lenguaje minimalista que armoniza con su diseño de producto.

- **Nike:** Su tono es motivador, enérgico y desafiante, dirigido a quienes buscan superar sus límites y alcanzar sus metas.

Seguro que, tras ver estos tres ejemplos, ya tienes más claro cómo va a afectar el tono de voz a tu estrategia de provocación, impregnando todo tu discurso desde diferentes ángulos. Ahora te quiero proponer varios ejercicios para que encuentres tu tono de voz y puedas emplearlo de manera natural.

- **Ejercicio de adjetivos:** Haz una lista con cinco adjetivos que describan la personalidad de tu marca. ¿Es divertida, profesional, mística, creativa, rebelde? Luego, de esa lista selecciona los dos adjetivos que mejor representen el carácter de tu marca y tenlos muy en cuenta a la hora de trabajar tu comunicación.
- **Ejercicio de contrastes:** Ahora quiero que escribas el mismo mensaje en dos tonos diferentes. Uno reflejando los dos adjetivos que has seleccionado antes y el otro en un estilo opuesto, para que puedas comparar la diferencia entre ambos mensajes.
- **Análisis de comentarios:** Revisa los comentarios y testimonios de tus clientes en las redes sociales y en los mensajes privados que te escriben. ¿Qué lenguaje utilizan? ¿Qué palabras repiten casi todos? ¿Qué adjetivos emplean para valorar tu trabajo?

Escribe tu macrohistoria de marca

No hay nada que conecte más con la audiencia que una buena historia. Las personas no quieren sentir que les están vendiendo algo;

quieren sentirse inspiradas, emocionadas y, sobre todo, involucradas. Una narrativa bien contada no solo engancha, sino que se convierte en el pilar central de tu estrategia. Porque, al final, no puedes provocar ni destacar si no tienes claro cuál es la historia que define la esencia de tu marca y la guía detrás de todas tus acciones.

La macrohistoria de una marca es la narrativa central que define su propósito, sus valores y su identidad. Es la gran historia que da forma a todas las comunicaciones y acciones de la marca, proporcionando coherencia, enfoque y dirección. No se trata solo de una declaración de intenciones o de un eslogan atractivo, es el relato que explica de manera más profunda por qué la marca existe y qué desea lograr a largo plazo. Es la esencia que conecta la visión interna del negocio con la audiencia exterior.

Esta macrohistoria debe armonizar profundamente con los valores fundamentales de la marca y, sobre todo, debe ser capaz de conectar emocionalmente con su público. Las personas no solo compran productos o servicios, se sienten atraídas por marcas que les hablan a un nivel más personal, que les inspiran o les ofrecen un sentido de propósito compartido.

Uno de los mejores ejemplos de macrohistoria bien trabajada es la de Apple, con la que se han hecho incluso varias películas que han ayudado a potenciar su épica. La historia de esta compañía no solo habla de tecnología; es una narrativa de innovación, rebeldía y transformación cultural. Todo comenzó en 1976, cuando Steve Jobs y Steve Wozniak, dos jóvenes apasionados por la informática, decidieron construir una computadora en el garaje de los padres de Jobs en Los Altos, California. Este inicio humilde y modesto simboliza el espíritu emprendedor, pero también representa el hecho de que las grandes ideas pueden surgir en cualquier parte.

La historia de que Apple nació en un garaje no solo es un relato inspirador; es el pilar sobre el que se construyó toda la identidad de la marca. Refleja la posibilidad de que cualquiera con una gran idea y el valor necesario para seguir adelante puede cambiar el mundo. Y esa es una historia que trasciende generaciones, conecta profundamente con los valores humanos y transforma consumidores en seguidores leales.

En este punto vamos a ver cómo puedes lograr lo mismo: construir una historia que sea coherente con tu marca y que, además, provoque una conexión emocional con tu audiencia. Porque en un mundo donde los productos pueden ser replicados fácilmente, lo que de verdad diferencia a una marca es su capacidad para inspirar. Veremos cómo identificar tu propósito, construir una narrativa sólida y conectar con las personas más allá de lo superficial. Crear una historia de marca auténtica es lo que convertirá tu negocio en algo más que un simple competidor; te posicionará como una referencia en el corazón y la mente de tu audiencia.

En esencia, la macrohistoria es la gran idea que la marca quiere que la gente asocie con ella, el relato que une todas sus acciones y que la convierte en algo más que un negocio: en un movimiento. Es lo que le da coherencia, consistencia y relevancia en cada punto de contacto con su audiencia.

La macrohistoria de tu marca es el corazón de todo lo que haces. Es la narrativa que define por qué existes, a quién sirves y qué impacto deseas tener en el mundo. A continuación, te propongo un ejercicio que te ayudará a dar forma a esa gran historia que guiará cada acción de tu marca.

Paso 1: Conecta con tu propósito más profundo

Toda marca nace de una razón, de un propósito que va más allá de simplemente vender productos o servicios. Para empezar a definir tu macrohistoria, pregúntate:

- **¿Por qué existe tu marca?** ¿Qué necesidad o problema importante estás resolviendo?

- **¿Qué cambio positivo** deseas ver en tu industria, en tus clientes o incluso en el mundo, y cómo contribuyes a ello?

- **¿Qué te inspira a seguir adelante?** ¿Qué es lo que te apasiona profundamente de lo que haces?

Reflexiona sobre estas cuestiones y anota las respuestas intentando ser honesto contigo mismo. Este es el punto de partida para construir una historia que tenga significado y conecte emocionalmente con tu audiencia.

Paso 2: Define tus valores fundamentales

Tus valores son los principios que guían todas tus decisiones. Para crear una macrohistoria coherente, es crucial que esos valores estén claramente definidos y formen parte del relato central de tu marca.

- **¿Qué valores defiende tu marca?** (Por ejemplo: sostenibilidad, transparencia, innovación, creatividad).

- **¿Cómo se reflejan estos valores** en tus productos, servicios o en la manera en que interactúas con tus clientes?

- **¿Por qué son importantes estos valores para tu audiencia?** ¿Cómo conectan con lo que ellos buscan o necesitan?

Anota tus valores clave y piensa en cómo se pueden integrar en cada aspecto de tu comunicación. Tus valores son el pilar de tu macrohistoria y ayudan a construir una conexión emocional con quienes comparten esos mismos principios.

Paso 3: Visualiza el impacto que quieres generar

Ahora, imagina el impacto que quieres que tu marca tenga a largo plazo, más allá de las ventas o el éxito comercial. La macrohistoria de una marca no solo habla de lo que hace, sino de lo que quiere lograr en un sentido más amplio.

- **¿Cómo esperas que tu marca cambie la vida de tus clientes?**
- **¿Qué transformación deseas provocar en tu industria o comunidad?**
- **¿Qué legado te gustaría que tu marca dejara en el mundo?**

Este es el momento de soñar a lo grande. No te pongas límites. Tu macrohistoria debe inspirar y marcar un camino hacia el futuro. Piensa en cómo tu marca puede convertirse en una fuerza de cambio.

Paso 4: Simplifica y da forma a tu narrativa

Ahora que tienes claridad sobre tu propósito, tus valores y el impacto que quieres generar, es hora de dar forma a tu macrohistoria. La clave aquí es ser claro, conciso y auténtico.

- Redacta una declaración que explique por qué tu marca existe, qué valores la guían y qué impacto busca tener.
- Asegúrate de que tu narrativa sea inspiradora y fácil de recordar. Piensa en una frase o idea central que exprese la esencia de tu macrohistoria.
- Vuelve a leerla y cerciórate de que realmente conecte con lo que tu marca es y aspira a ser.

Recuerda, una buena macrohistoria no es solo para ti o tu equipo, también va dirigida a tus clientes. Debe ser una historia que los inspire y que quieran compartir, una historia que los haga sentir parte de algo más grande.

Paso 5: Crea microhistorias de contenido

Una vez que hayas definido tu macrohistoria, el verdadero desafío es transmitirla y comunicarla de manera coherente en todo lo que haces. Desde tu comunicación en las redes sociales hasta tus productos o servicios, cada interacción con tu marca debe reflejar esa historia. La consistencia es la clave para construir una marca que sea reconocida y recordada por lo que realmente es.

Las microhistorias de contenido son narrativas más pequeñas y específicas que derivan de la macrohistoria. Estas historias más enfocadas permiten que la marca explore diferentes aspectos de su identidad y propósito de una manera más detallada y concreta. Las microhistorias pueden abordar temas como el proceso de creación de un producto, las historias personales de los clientes o el impacto social de la marca en una comunidad. Cada microhistoria debe alinearse con la macrohistoria, reforzando el mensaje central mientras proporciona profundidad y contexto.

Por ejemplo, si la macrohistoria de una marca de moda sostenible trata sobre cambiar la industria para instaurar prácticas más éticas, una microhistoria podría contar la historia de uno de sus proveedores que utiliza técnicas tradicionales para crear telas ecológicas. Otra microhistoria podría centrarse en un cliente que ha cambiado su estilo de vida para reducir su huella de carbono gracias a los productos de la marca.

Estas microhistorias no son otra cosa que las publicaciones que hacemos en las redes sociales, los emails que mandamos o las conversaciones que tenemos con nuestros clientes. Para que las microhistorias funcionen dentro de nuestra estrategia, deben estar pensadas para provocar emociones fuertes en nuestra audiencia, y justo eso es lo que vamos a ver a continuación.

> Si quieres trabajar tu macrohistoria de marca respondiendo a las preguntas que acabamos de ver, puedes descargar el dosier de ejercicios en el siguiente enlace:
> elenaguirao.com/bonus

Provoca una emoción fuerte

El objetivo de querer provocar a tu audiencia es despertar en ella una emoción lo suficientemente fuerte como para animarla a actuar. Y ahí justo está la clave, porque en la era de la sobreinformación y la falta de atención no te sirve cualquier emoción.

Emociones como la alegría o la tristeza no suelen llevar a la gente a actuar de manera inmediata, puede que les arranquen una sonrisa o una lagrimita, pero dos segundos después estarán viendo otra cosa y ya se habrán olvidado de ti.

El objetivo es que la emoción motive a tu audiencia a emprender una acción, ya sea compartir tu contenido, entrar en tu web o comprar tu producto. Y esto solo lo vas a conseguir con emociones más fuertes, como el entusiasmo y la admiración, o incluso algo negativo como la indignación y la frustración, siempre que se haga con cuidado.

Y aquí voy a recuperar un concepto que ya mencionaba en la introducción de este libro: no está mal no gustarle a todo el mundo.

Es más, a veces los que más ruido hacen en tu contra, los *haters*, pueden convertirse en tus mayores aliados. ¿Por qué? Porque ellos no ignoran tu contenido, todo lo contrario. Lo ven, lo analizan y muchas veces reaccionan más rápido que tus propios fans. De alguna forma, están tan atentos a lo que haces que casi podrías considerarlos una audiencia privilegiada.

Piensa en esto: los *haters* suelen ser los primeros en comentar, en compartir tus publicaciones (aunque sea para criticarlas) y en provocar discusiones. Y esas reacciones generan visibilidad. El algoritmo no distingue entre amor y odio, solo mide interacciones, y una vez que estas se disparan, tu contenido se muestra a más personas. En otras palabras, su negatividad amplifica tu alcance.

Por supuesto, esto no significa que debas salir a buscar *haters* deliberadamente, pero sí es importante asumir que no le vas a gustar a todo el mundo, y eso está bien. Si intentas agradar a todos, te arriesgas a no provocar una emoción lo suficientemente fuerte como para captar la atención de nadie.

Cuando alguien reacciona con críticas, no siempre es porque no le importe lo que dices, sino precisamente porque le importa mucho, aunque sea para estar en desacuerdo. Y aquí está la clave: si logras dividir opiniones, significa que tu mensaje está conectando a un nivel profundo. Es mucho mejor ser polarizante que pasar desapercibido.

Así que abraza a tus *haters*. No como un objetivo, sino como una consecuencia natural de atreverte a provocar, alzar la voz y defender un mensaje auténtico. Después de todo, si no te critican, probablemente no estés diciendo nada lo bastante interesante como para que alguien lo recuerde.

RESUMEN DEL CAPÍTULO

✓ **Encuentra tu nicho:** Dirige tu mensaje a un grupo concreto de personas interesadas en lo que ofreces. No necesitas gustarle a todo el mundo, sino conectar profundamente con un público específico.

✓ **Define a tu cliente ideal:** Crea un perfil detallado con sus necesidades, miedos y aspiraciones. Habla directamente a quienes te valoran y están dispuestos a pagar por tu trabajo.

✓ **Aprende a decir no:** Decir no a clientes que no valoran tu trabajo te ayudará a enfocarte en quienes sí lo hacen y a crecer hacia tus objetivos.

✓ **Escribe tu historia:** Define una narrativa clara y coherente que explique tu propósito y valores. Utiliza las microhistorias para reforzar tu mensaje.

✓ **Provoca emociones:** Genera reacciones fuertes como entusiasmo, admiración, indignación o frustración. Acepta que no está mal no gustarle a todo el mundo.

2
¿Qué quieres conseguir? Provoca con una intención clara

En el mundo digital, provocar por provocar te puede salir muy caro. Si te empeñas en llamar la atención, a toda costa, diciendo barbaridades o haciendo el tonto, seguramente consigas hacerte viral, incluso puedes atraer a un buen puñado de *haters*, pero esa no es nuestra intención.

Para conseguir destacar en el saturado mercado online, necesitas saber a quién dirigirte, pero también qué objetivos quieres lograr con esa provocación. En este capítulo vamos a ver cómo definir y afinar tus objetivos para que cada acción que realices tenga una finalidad clara. Por eso, tienes que pensar muy bien:

- ¿Qué quieres conseguir con esa provocación?
- ¿Cómo quieres hacer sentir a la gente cuando lo vea?
- ¿Qué acciones quieres que realicen para interactuar con el contenido?

Provocar con propósito significa conocer a tu audiencia tan bien que sabes con exactitud qué mensaje debes lanzar para conectar emocionalmente con ellos. Esto implica ser atrevido, pero también estratégico. Las grandes marcas entienden esto a la perfección, pues saben cuándo y cómo provocar para conseguir el máximo impacto sin generar rechazo.

> La marca Dove en 2013 lanzó su campaña «Real Beauty Sketches», como parte de una iniciativa para celebrar la belleza natural y cuestionar los estándares convencionales y, a menudo, inalcanzables promovidos por la industria de la belleza. En esta campaña, Dove utilizó un enfoque diferente y emotivo: un artista forense del FBI dibujaba a mujeres basándose únicamente en sus propias descripciones, y luego nuevamente según la descripción de un extraño. Las diferencias entre los dos dibujos demostraron hasta qué punto las mujeres a menudo tienen una percepción de sí mismas mucho más crítica en comparación con cómo las ven los demás. Esta poderosa visualización de la autoconcepción frente a la percepción ajena tuvo una repercusión emocional en millones de espectadores alrededor del mundo, lo que provocó un debate sobre la autoestima y la belleza real.

La campaña del ejemplo anterior fue valiente y novedosa en su enfoque al abordar directamente cuestiones de autoimagen y salud mental, en una época en la que muy pocos lo hacían. Dove provocó de forma deliberada estas conversaciones difíciles pero necesarias para alentar a las mujeres a reconsiderar y celebrar su propia belleza. Al hacerlo, no solo fortaleció su posición como una marca comprometida con la promoción de la positividad corporal, sino que también fomentó una conexión más profunda y significativa con su audiencia. Volvamos a las preguntas que planteábamos siguiendo el caso de Dove:

- ¿Qué quieres conseguir con esa provocación? Dove provocó estas conversaciones difíciles pero necesarias para alentar a las mujeres a reconsiderar y celebrar su propia belleza.

- ¿Cómo quieres que se sienta la gente cuando lo vea? Esta poderosa visualización de la autoconcepción frente a la percepción tuvo una repercusión emocional en millones de espectadores alrededor del mundo, lo que provocó un debate sobre la autoestima y la belleza real.

- ¿Qué acciones quieres que realicen para interactuar con el contenido? Al hacerlo, Dove fortaleció su posición como una marca comprometida con la promoción de la positividad corporal y, además, fomentó una conexión más profunda y significativa con su audiencia.

Define el propósito de tu provocación

Impactar es solo el primer paso de la estrategia, porque una vez que tienes la atención de tu audiencia, debes convertir ese sentimiento generado en una acción concreta. ¿Y cómo puedes conseguir que una emoción se transforme en una compra, una suscripción o cualquier otro resultado deseado?

Lo primero que tienes que hacer es asegurarte de que la provocación está relacionada con lo que vas a ofrecerles. Si tu contenido genera una reacción que no es la que buscas o despierta emociones que no conectan directamente con tu mensaje, conseguirás la atención de la gente, pero no llegarás a fidelizarla y convertirla en clientes.

Y es aquí, justo en este punto, donde muchos emprendedores se pierden y se frustran. No entienden cómo puede ser que no estén viendo resultados si, por más que publican y generan interacciones, estas no acaban en ventas. La respuesta es sencilla: no hay conexión emocional entre el contenido que muestran y el producto o servicio que venden. Para evitar que pase esto, lo primero que debemos hacer es conocer el objetivo de nuestra provocación y, según eso, crear contenido pensado específicamente para generar la acción que buscamos.

Reconocimiento de marca

Si el objetivo principal de tu campaña es aumentar el reconocimiento de tu marca, la estrategia de provocación tiene que estar pensada no solo para captar la atención de la gente, sino para convertir la marca en tema de conversación y discusión a gran escala. Esto implica elegir una temática que sea relevante para tu cliente ideal y que también sea muy representativa de tu marca y sus valores.

Un buen ejemplo de este tipo de estrategia fue la campaña que lanzó Patagonia en el Black Friday de 2011. La marca publicó un anuncio en el *New York Times* con el titular: «Don't Buy This Jacket», invitando así a la gente a reflexionar sobre el consumo desmedido y las compras impulsivas que se realizan en esa época del año. Este enfoque contrastaba enormemente con el resto de los mensajes que estaban publicando las demás marcas en esas mismas fechas y, además, destacaba las prácticas sostenibles de Patagonia y su compromiso con el medioambiente. Como resultado, la campaña generó un gran debate en las redes sociales y los medios de comunicación, aumentando el reconocimiento global de la marca y fortaleciendo su imagen como referente de consumo sostenible.

Esta estrategia de provocación, que combina un fuerte posicionamiento de los valores con una llamada a la acción que va en contra de lo que se espera de una marca comercial, pretende informar a los consumidores, pero también los invita a tener un pensamiento crítico sobre sus decisiones de compra. Además, estimula hablar y debatir sobre el tema, lo que hace que se multiplique su alcance y, con ello, su visibilidad a gran escala.

Para replicar una estrategia similar, debes asegurarte de que tu campaña enlaza con las preocupaciones e intereses globales de tu cliente ideal. Has de elegir una temática y un posicionamiento al respecto que estés seguro de que va alineado con su ideología y valores, de forma que se sienta identificado con ella con facilidad. Veamos cómo puedes implementar esta estrategia correctamente.

1. Encuentra un tema con relevancia social o cultural

La primera buena práctica para este tipo de estrategia es identificar un tema en consonancia con las preocupaciones globales de tu cliente ideal. Pregúntate qué cuestiones están en el centro de las discusiones sociales o culturales del momento, y cómo tu marca puede jugar un papel significativo en esa conversación. La idea es utilizar la provocación para abrir debates, no solo para crear impacto visual.

En el caso de Patagonia, la elección de abordar el consumismo desmedido durante el Black Friday era especialmente acertada, porque tocaba un tema relevante a nivel global que, a su vez, estaba alineado con los valores de su audiencia objetivo: personas conscientes del impacto medioambiental y preocupadas por el consumo responsable. Así que la provocación no solo generó ruido mediático, sino que también reforzó el propósito de la marca.

2. Contrasta con las expectativas del mercado

Una campaña de provocación efectiva que busque aumentar el reconocimiento de tu marca debe romper con lo que se espera de ti como marca, y hacerlo de manera audaz.

Patagonia, con su anuncio de «Don't Buy This Jacket», utilizó una táctica provocadora que iba completamente en contra del comportamiento comercial típico del Black Friday, una de las fechas de mayor consumo del año. Este enfoque contrastó enormemente con los anuncios promocionales de la competencia, haciendo que el mensaje destacara de manera instantánea y provocara reflexión y curiosidad en el público.

Para replicar este éxito, una práctica clave es sorprender a tu audiencia con un mensaje inesperado que desafíe las normas del sector. Esto no solo llamará la atención, sino que hará que tu campaña sea recordada. La provocación efectiva funciona cuando tus acciones son percibidas como contraculturales dentro del entorno en el que te mueves, lo que te coloca en el centro de las conversaciones.

3. Alinea la provocación con tus valores de marca

Aunque tu mensaje tiene que ser provocador y atrevido, siempre debe estar anclado en los valores de tu marca. La provocación por sí sola puede llamar la atención, pero si no está conectada con lo que tu marca realmente representa, el mensaje perderá fuerza y podría confundir a la audiencia. Al contrario, cuando el tema que eliges refleja tus valores de manera coherente, lograrás no solo captar la atención, sino también fortalecer tu identidad de marca.

En el caso de Patagonia, la provocación de su campaña fue una táctica para llamar la atención que, al mismo tiempo, estaba firmemente respaldada por su compromiso con la sostenibilidad. Esto hizo que su mensaje fuera creíble y auténtico, lo que incrementó el respeto y la lealtad de sus clientes. Si quieres que una estrategia de provocación funcione para aumentar el reconocimiento de tu marca, asegúrate de que lo que estás provocando está alineado con tu propósito como empresa.

4. Aprovecha el impacto en redes

La provocación, cuando se utiliza correctamente, genera un efecto multiplicador. Para maximizar el reconocimiento de tu marca, es crucial que utilices los canales de comunicación adecuados para amplificar el mensaje. Una provocación exitosa será compartida no solo por tus clientes, sino también por referentes de tu sector y líderes de opinión, quienes ayudarán a que el debate llegue a un público más amplio.

Es fundamental que, desde el momento en que diseñes tu estrategia, tengas en mente los canales que pueden ayudar a amplificar el mensaje. Piensa en cómo las redes sociales te pueden ayudar a difundir tu historia y en cómo puedes involucrar a otras marcas y colaboradores que defienden los mismos valores. Cuanto más orgánica sea la difusión de tu campaña, más impacto tendrá en términos de reconocimiento de marca.

Al final, la clave para que una campaña de este tipo sea exitosa y genere el ruido necesario es que sea auténtica y esté alineada de forma natural con los valores principales de la marca, si no se percibirá como muy forzada y poco creíble.

Captación de leads

Si el objetivo principal de tu campaña es la captación de *leads* (suscriptores en tu base de datos), es importante que te centres en dos aspectos básicos: conseguir la atención de tu audiencia y motivarla a pasar a la acción de forma directa.

En este caso, es imprescindible que les muestres el beneficio inmediato que van a obtener al aportar sus datos para que sientan que están haciendo un intercambio justo. Hay muchos formatos que puedes utilizar para motivar a tu audiencia: *webinars* en directo, retos de varios días o test interactivos son las opciones más comunes para provocar la curiosidad y el interés de la gente en torno al contenido que vas a ofrecerles. Además, lo bueno de este tipo de recursos es que dan una respuesta inmediata a un problema o duda de tu cliente, de forma que fortalecen la relación con tu audiencia y mejoran la percepción de la marca.

Por ejemplo, para el lanzamiento de mi programa Dragón, creé una *masterclass* gratuita en la que desvelaba parte de mi estrategia digital para conseguir destacar de forma honesta y sostenible en un mercado saturado. Con esta acción estaba apuntando a mi público objetivo, emprendedores que quieren crecer con su negocio online y están cansados de los clásicos consejos de marketing que repiten todos. Además, al mostrarles una serie de acciones concretas y fáciles de implementar, les estaba dando una respuesta inmediata al problema que tenían con su estrategia digital.

Con esa campaña de promoción no solo logré aumentar mi base de suscriptores, sino que también conseguí nuevos clientes para el servicio de mentoría y, además, preparé a mi audiencia para el nuevo programa de estrategia digital que iba a lanzar.

Ese tipo de campañas son especialmente útiles cuando buscamos provocar una acción concreta. Dejar el email a cambio de conocer métricas importantes sobre nuestro posicionamiento online nos parece un intercambio más que justo, ya que la curiosidad por saber si nuestra web cumple con los requisitos necesarios es demasiado fuerte.

A continuación, vamos a ver cómo puedes implementar esta estrategia correctamente:

- **Encuentra un problema o duda recurrente de tu cliente ideal:** Para que la estrategia funcione bien, lo ideal es que busques una duda o problema que sirva de punto de entrada para acceder a tus productos o servicios.

- **Crea un recurso gratuito que responda a esa necesidad:** Puede ser cualquier información valiosa, en forma de reto, *webinar* en directo o clase grabada, o alguna herramienta útil, como test o plantillas descargables.

- **Asegúrate de dar más de lo que esperan:** No pienses que por ser un recurso gratuito puedes hacer cualquier cosa para salir del paso. Al contrario, debes dar más de lo que la gente espera para que se queden con una buena primera impresión y tengan ganas de repetir en el futuro.

- **Promociona el recurso gratuito:** Utiliza tus redes sociales y canales de difusión para promocionar el recurso gratuito que has creado. Asegúrate de mencionarlo de forma recurrente para que lo vea el mayor número de personas posible.

- **Mide y optimiza tu campaña:** Una de las grandes claves del éxito es el análisis continuo de los datos. Revisa las estadísticas y optimiza tu campaña para obtener los mejores resultados posibles.

Utilizar una estrategia de captación de *leads* siempre es buena idea, ya que no solo te va a ayudar a aumentar tu base de datos, sino que también te servirá para atraer clientes y mejorar la visibilidad de tu marca.

Fidelización de clientes

Si el objetivo principal de tu campaña es reforzar la relación con tus clientes, es imprescindible que la estrategia esté pensada para captar su atención, pero también para que resuene con sus valores y creencias. Para ello necesitas identificar el posicionamiento de tu audiencia respecto a temas polémicos o controvertidos que estén alineados con tu discurso y tus valores. En este caso, la provocación te debe servir para desafiar las normas, abordar preguntas difíciles o exponer verdades incómodas, de forma que fortalezcas la conexión emocional con tus clientes.

Un ejemplo emblemático de cómo utilizar la provocación para fomentar la lealtad a la marca es la campaña que Nike realizó con Colin Kaepernick en 2018. El jugador de la NFL se había convertido en una figura controvertida tras arrodillarse durante la interpretación del himno nacional de Estados Unidos en varios partidos a modo de protesta. El eslogan de la campaña «Cree en algo. Incluso aunque eso signifique sacrificarlo todo» está pensado para inspirar a su audiencia a superarse, hasta en los malos momentos, lo cual está perfectamente alineado con el tono de voz y los valores de la marca.

Esta campaña, a pesar de haber sido muy criticada por la parte más conservadora de la sociedad americana, hizo que las acciones de Nike aumentaran un 5 por ciento en las tres semanas posteriores al lanzamiento del anuncio, lo cual es prueba del gran éxito de su estrategia de fidelización.

La clave para que este tipo de provocación funcione está en entender profundamente los valores y creencias de tu audiencia para reforzarlos de manera auténtica y respetuosa. Y, por supuesto, siempre de forma oportuna y relevante, teniendo en cuenta el contexto social y cultural del momento. Veamos cómo puedes implementar esta estrategia correctamente.

1. Refuerza los valores compartidos

Cuando buscas fidelizar a tu audiencia a través de la provocación, el primer paso es identificar valores compartidos entre tu marca y tus clientes. Tu campaña debe alinear tu mensaje con esos valores de manera profunda y auténtica, porque lo que realmente fortalecerá la relación con tus clientes es la capacidad de reflejar sus creencias en tu marca. Si tu público valora, por ejemplo, la justicia social, la igualdad o el medioambiente, tu provocación debe girar en torno a esos temas, destacando que tu marca se compromete de forma activa con ellos.

En el caso de la campaña de Nike con Colin Kaepernick, la marca no solo provocó con una postura audaz, sino que se alineó con el valor de luchar por la justicia y la valentía que muchos de sus clientes ya compartían. Este tipo de campañas refuerzan un sentimiento de pertenencia en la audiencia, y hace que los clientes se sientan parte de un movimiento más grande, algo que genera una fidelidad emocional mucho más fuerte que cualquier promoción o descuento.

2. Provoca de forma estratégica y calculada

En una estrategia para fidelizar, la provocación no debe ser gratuita ni impulsiva, sino altamente calculada. Debes asegurarte de que la provocación no molesta a tu público principal, sino que lo motiva a profundizar su compromiso contigo. Para esto, es crucial que el mensaje que elijas desafíe a tus clientes de manera reflexiva y construya una narrativa sólida en torno a los valores que defienden.

Una buena práctica en este sentido es no atacar directamente a un sector contrario, sino reafirmar y reforzar las creencias de tu audiencia. En la campaña de Kaepernick, Nike no solo provocó, sino que enalteció a los clientes que ya creían en la justicia social, dándoles un motivo más para seguir fieles a la marca. De este modo, la provocación no solo atrae la atención momentáneamente, sino que fortalece la relación a largo plazo.

3. Involucra a tu audiencia en la conversación

Una provocación bien ejecutada no se limita a un mensaje unilateral. Si quieres fidelizar a través de la provocación, tu estrategia debe abrir espacio para que tu audiencia participe activamente en la conversación. Involúcralos a través de encuestas, comentarios, hashtags o debates. Esto hará que se sientan escuchados y valorados y, además, creará un sentido de comunidad alrededor de tu marca.

Por ejemplo, tras el lanzamiento de la campaña de Kaepernick, Nike incentivó a sus seguidores a compartir sus opiniones y experiencias en las redes sociales, lo que permitió que el mensaje siguiera creciendo y resonando con su base de clientes leales. Este tipo de interacción ayuda a fortalecer la relación entre la marca y su público, haciendo que los clientes se sientan parte activa del cambio que la compañía promueve.

4. Sé consistente con tus valores a lo largo del tiempo

Una de las claves para usar la provocación como herramienta de fidelización es la consistencia. No basta con lanzar una campaña provocadora y olvidarse de ella. La fidelización se logra cuando tu audiencia percibe que tus acciones son coherentes y persistentes en el tiempo. Esto significa que la provocación debe estar integrada en el ADN de tu marca, no solo como una táctica puntual, sino como un reflejo continuo de tus valores.

Piensa en cómo Nike ha mantenido su postura comprometida en campañas posteriores a la de Kaepernick, continuando con mensajes y acciones que refuerzan los mismos principios. Esto genera confianza y lealtad en los clientes, quienes saben que la marca no se está subiendo al tren de una moda pasajera, sino que realmente cree en los valores que promueve.

Establece objetivos SMART

Si quieres que tus campañas tengan un impacto medible y significativo, es imprescindible que estén pensadas para alcanzar unos objetivos concretos y bien definidos. Para ello, es importante que sean SMART (específicos, medibles, alcanzables, relevantes y temporales).

El concepto de SMART fue introducido en 1981 por George T. Doran en un artículo titulado «Existe una manera inteligente de escribir objetivos y metas de gestión»,* publicado en la revista *Management Review*. Doran era un consultor y académico que buscaba proporcionar un marco práctico para la definición de objetivos en la gestión empresarial.

Desde entonces, el método SMART se ha convertido en una herramienta muy utilizada en la planificación y gestión de proyectos, ya que ayuda a definir objetivos claros y alcanzables de manera efectiva. A continuación, vamos a ver detenidamente el significado de estas siglas.

---

* G. T. Doran, «There's a S.M.A.R.T. Way to Write Management's Goals and Objectives», *Management Review*, 70, 1981, pp. 35-36.

Objetivos específicos (Specific)

Debes establecer objetivos para lograr una meta específica, no algo general. No buscas el éxito de cualquier iniciativa, vas a por una idea concreta. Esto significa que tienes que saber qué quieres conseguir exactamente con cada campaña. Por ejemplo, en lugar de tener por objetivo algo general como aumentar tu lista de suscriptores, un objetivo específico sería «aumentar en un 30 por ciento la lista de suscriptores en los próximos tres meses a través de una campaña de promoción en las redes sociales».

Objetivos medibles (Measurable)

Es imprescindible que los objetivos sean medibles, para que puedas evaluar bien el éxito o el fracaso de tu idea. Si volvemos al ejemplo anterior, verás que ese aumento del 30 por ciento representa una cifra concreta que será tu número de referencia para saber si has cumplido los objetivos o no. Cualquier campaña o acción que crees debe tener una cifra final como objetivo: aumento de facturación este año, número de alumnos inscritos a un curso, aumento de seguidores o de suscriptores... Siempre debes fijarte una cifra para saber si la estrategia está funcionando o no.

Objetivos alcanzables (Achievable)

No es recomendable que tus objetivos sean demasiado fáciles de lograr, pero, por otro lado, tampoco debes marcarte metas demasiado ambiciosas, ya que puedes acabar frustrado por no ser capaz de conseguirlas. Es importante encontrar un equilibrio para que tus acciones supongan un reto que te aporte crecimiento y que, a la vez, sea alcanzable en el periodo de tiempo marcado. Por ejemplo, si tienes cinco mil seguidores en Instagram, un objetivo ambicioso sería querer llegar a veinte mil en seis meses; supondría un gran aumento, pero sería una cifra alcanzable para ti. Sin embargo, intentar pasar de cinco mil a doscientos mil en el mismo tiempo sería algo imposible de conseguir.

Objetivos realistas (Realistic)

Este punto está muy relacionado con el anterior, y es que, además de establecer objetivos «alcanzables», también quieres que sean «realistas». Por ejemplo, tal vez un objetivo sea alcanzable, pero para conseguirlo necesitarías estar trabajando quince horas al día durante seis meses; eso no sería realista. Debes asegurarte de que sea realista alcanzar los objetivos que te marques con tu tiempo y tus recursos.

Objetivos temporales (Timely)

Por último, tus objetivos deben tener una fecha de cumplimiento establecida desde el principio. Sin un plazo de tiempo definido, tu proyecto podría prolongarse indefinidamente. Además, tener una fecha marcada te ayuda a poder realizar un seguimiento de tu campaña y analizar las métricas obtenidas para así hacer ajustes que te ayuden a mejorar los resultados.

Definir objetivos SMART no es solo un ejercicio técnico, es una estrategia fundamental para que tus campañas sean efectivas y significativas. Cuando trabajas con este marco, estás planificando mejor, pero también te aseguras de que utilizas tus recursos, tiempo y energía de manera estratégica. Al final, un objetivo bien definido no solo mide el éxito de una campaña, sino que también te impulsa a crecer, aprender de los resultados y optimizar tus estrategias futuras. Recuerda, no se trata de trabajar más, se trata de trabajar de manera más inteligente, y este método es la herramienta que te ayudará a conseguirlo.

> Establece tus objetivos SMART para los próximos meses descargando el dosier de ejercicios en el siguiente enlace:
> **elenaguirao.com/bonus**

La psicología de la provocación

Como habrás visto en las primeras páginas de este libro, entender la psicología que hay detrás de la provocación es esencial para crear una estrategia que no solo capte la atención de tu audiencia, sino que también la motive a realizar una acción concreta. La provocación, para que sea efectiva, debe despertar unas emociones específicas en la gente, que luego debes canalizar para conseguir el objetivo de tu campaña. Pero ¿qué emociones hay que buscar en cada caso?

Por ejemplo, la sorpresa o la curiosidad pueden llevar a los usuarios a buscar más información sobre tu producto o servicio, aumentando así tus interacciones en las redes sociales y las visitas a tu web. Otras emociones, como la urgencia o la exclusividad, pueden crear FOMO (*fear of missing out*) y acelerar la decisión de compra de tus clientes en momentos decisivos como lanzamientos o periodos de rebajas. Por otra parte, la indignación o el orgullo pueden servir para fomentar la lealtad y el compromiso con tu marca.

Como ves, debes diseñar tu estrategia para buscar cuidadosamente la emoción indicada en cada momento. Comprender y aplicar los principios de la psicología de la provocación te ayudará a crear campañas que destaquen y que muevan a tu audiencia a actuar según tus objetivos.

Genera curiosidad

La curiosidad es una de las emociones más potentes que podemos despertar en nuestra audiencia. Con ella conseguimos que nuestros clientes quieran saber más sobre lo que les estamos contando, lo que genera la sensación de que son ellos los que están buscando información sobre el producto, de que igual pasa algo increíble y se lo pierden.

Esta estrategia es tan potente que no solo sirve para captar la atención inicial de tus clientes, sino que también fomenta el interés hacia la marca y todo lo que la rodea. Si consigues generar curiosidad en torno a tus productos o servicios en las semanas previas a un lanzamiento, tendrás más de la mitad del trabajo hecho, porque, una vez desveles la sorpresa, tu audiencia se mostrará mucho más predispuesta a comprar, ya que estarán esperando ansiosos tu anuncio.

El problema que tiene la curiosidad es que han abusado tanto de ella en las estrategias digitales que cada vez cuesta más despertarla. Ya no basta con el clásico «Estoy preparando algo increíble que te va a encantar, pero todavía no puedo contarte nada»; este tipo de publicaciones generan aburrimiento y rechazo en vez de curiosidad porque se ha utilizado tanto esa fórmula que ya está quemada. Por eso, cada vez hay que innovar más para conseguir generar una curiosidad efectiva en la gente.

También es importante que seas capaz de manejar bien las expectativas en torno a lo que vas a anunciar. Siempre debe haber un equilibrio entre el misterio previo y la claridad de tu mensaje para no confundir a tus clientes y que acaben decepcionados cuando descubran la sorpresa que habías preparado.

Veamos cómo puedes utilizar la curiosidad en tu estrategia digital para conseguir la atención de la gente.

1. Dosifica la información de manera estratégica

La clave para despertar la curiosidad está en saber cuándo y cuánto revelar. Es fundamental que no entregues toda la información de una vez, sino que la vayas dosificando a lo largo del tiempo. Piensa en la estrategia como una serie de pistas o *teasers* que van preparando a tu audiencia para el gran momento, pero sin desvelar todo. Este enfoque genera anticipación, lo que mantiene a tu público comprometido e interesado.

Por ejemplo, en lugar de simplemente anunciar que «se avecina algo increíble» (que está ya muy visto), podrías empezar mostrando pequeños detalles visuales, algún elemento del producto o una frase intrigante que incite a pensar, pero sin explicarlo por completo. Esto despierta la imaginación de tu audiencia y la mantiene pendiente de tus próximos movimientos.

2. Juega con lo inesperado

La saturación de anuncios e información hace que cada vez la curiosidad sea más difícil de provocar, por lo que es esencial jugar con elementos inesperados para sorprender a tu público. Para mantener su interés, debes romper con lo predecible. Puedes utilizar formatos creativos, como mensajes encriptados, vídeos cortos con imágenes intrigantes o incluso colaboraciones inesperadas con otras marcas. Lo importante es que lo que presentes sea diferente a lo que ya han visto y que deje suficiente espacio para que quieran saber más.

Piensa en marcas que lanzan solo una imagen abstracta o una frase que parece no tener sentido al principio. Esto genera conversación y especulación en las redes sociales, lo que multiplica la curiosidad y el deseo de saber qué es lo que viene. El misterio debe ser suficiente para enganchar, pero no tan enrevesado que desconecte a la gente.

3. Crea una historia detrás del misterio

Las campañas más exitosas que juegan con la curiosidad suelen tener una narrativa que se va desvelando con el tiempo. Las personas son curiosas por naturaleza y siempre quieren conocer el final de una historia que se queda a medias; utiliza este elemento para mantener su atención a lo largo de la campaña. Cada pieza de contenido debe formar parte de una historia mayor, y cada nuevo adelanto debe darles más pistas para resolver el misterio.

Por ejemplo, puedes crear una miniserie de vídeos o publicaciones que sigan un hilo conductor. Al final de cada entrega podrías dejar una pregunta sin respuesta o una pista que incite a tu audiencia a seguir esperando el próximo capítulo. El *storytelling* genera una conexión emocional que va más allá de la simple curiosidad, involucrando a tus seguidores en la evolución de la trama.

4. Equilibra el misterio y la claridad

Uno de los errores más comunes en estrategias que generan curiosidad es dejar que el misterio se prolongue demasiado tiempo o lanzar mensajes excesivamente complicados. Si no encuentras el equilibrio adecuado entre mantener el suspense y dar claridad, puedes provocar frustración en lugar de interés. Asegúrate de que, aunque no reveles toda la información de inmediato, siempre dejes claro qué puede esperar tu audiencia a nivel general, para que no pierda el interés o se confunda.

Por ejemplo, aunque estés creando un ambiente de misterio, deja pistas claras sobre qué tipo de producto o servicio vas a lanzar, sin desvelar todos los detalles. Si al final el anuncio no está alineado con las expectativas que generaste, corres el riesgo de decepcionar a tu audiencia, lo que puede llevar a una pérdida de confianza en tu marca.

5. Crea una experiencia participativa

Otra manera eficaz de generar curiosidad es hacer que tu audiencia se sienta parte del proceso. Invítala a participar activamente en el descubrimiento del misterio o a especular sobre lo que está por venir. Esto puede hacerse a través de encuestas, preguntas en las redes sociales, juegos o retos que involucren a tu audiencia en el desarrollo de la campaña.

Así, podrías hacer que tus seguidores voten entre distintas opciones que ofrezcas, de las cuales ninguna revela completamente lo que estás lanzando, pero todas conducen a más especulaciones y curiosidad. Involucrar a la audiencia crea un sentido de pertenencia y hace que esté aún más atenta para descubrir si sus predicciones eran correctas.

Como ves, generar curiosidad efectiva es mucho más que dejar a tu audiencia con preguntas sin respuesta; se trata de dosificar la información estratégicamente, jugar con lo inesperado y crear una narrativa intrigante. Mantener el equilibrio entre misterio y claridad es crucial para evitar frustraciones, mientras que la participación activa de tu público y la idea de exclusividad ayudarán a mantener su interés y aumentar su deseo de conocer más. Si logras despertar su curiosidad de manera innovadora y auténtica, tendrás una audiencia pendiente de cada uno de tus movimientos, esperando ansiosamente el momento en que reveles lo que has preparado.

Confirmación y contradicción de creencias

Cuando hablamos de psicología de la provocación, una de las estrategias más efectivas que existe es la de reafirmar las creencias de tu audiencia para fortalecer la conexión con la marca y la lealtad a ella. También se puede optar por desafiar esas creencias con el objetivo de generar debate, aumentando así la interacción con la marca y llegando a nuevas audiencias. Elegir cuál de las dos opciones es más apropiada, según el momento en el que te encuentras, es crucial para el éxito final de la campaña.

Reafirmar las creencias de tu audiencia va a hacer que tus clientes se sientan comprendidos y escuchados por tu marca, lo que reforzará el vínculo de pertenencia y de identificación que puedan tener con ella. De esta forma estarás construyendo una comunidad de personas que no solo valoran tus productos o servicios, sino que se sienten fuertemente identificados con lo que representan.

Un ejemplo de marca que trabaja muy bien este tipo de estrategias es Coca-Cola. En sus campañas siempre se encargan de reafirmar valores que giran en torno a la felicidad, el compartir y el disfrute de los pequeños momentos. Al asociar su producto con escenas alegres y de unión entre amigos, refuerzan su imagen de marca como sinónimo de felicidad y optimismo.

Por otra parte, desafiar las creencias de la audiencia te puede ayudar a crear debate en torno a un tema que consideres relevante para tu marca. También te puede servir para introducir nuevos conceptos con los que quieres que se vayan familiarizando tus clientes.

Por ejemplo, Rosalía ha utilizado a la perfección la controversia como herramienta de marketing para generar debate en torno a sus discos, consiguiendo que en cada lanzamiento se hable de ella sin parar y se analicen todas y cada una de sus canciones en busca de significados y referencias. Rosalía se hizo conocida por mezclar elementos tradicionales del flamenco con géneros modernos como el reguetón y el trap. Esto hizo que su álbum *El mal querer* recibiera gran cantidad de elogios por su originalidad, pero también muchas críticas por parte de los puristas del flamenco que consideraban que estaba destrozando el género.

Emociones fuertes

Provocar emociones fuertes es una gran estrategia para impulsar a tu audiencia a realizar una acción. Y es que las emociones intensas como el entusiasmo, la sorpresa o la indignación tienen la capacidad única de generar la necesidad de actuar inmediatamente. Puede ser comentando la publicación, compartiéndola o incluso realizando una compra. Las emociones son siempre muy efectivas despertando a los usuarios de la sobredosis de información en la que vivimos.

Sin embargo, este tipo de campañas son las más difíciles de diseñar, ya que hay que manejar esas emociones con el máximo cuidado si no queremos acabar teniendo que lidiar con una crisis de reputación de marca. Lograr equilibrar esas emociones con sensibilidad y autenticidad es clave para que nuestras acciones se perciban como auténticas y genuinas.

Por ejemplo, Taylor Swift, la reina del marketing moderno, ha demostrado saber muy bien cómo provocar emociones intensas a través de sus campañas de promoción y sus lanzamientos musicales. Su capacidad para entender perfectamente a sus seguidores, creando para ellos experiencias únicas y conexiones auténticas, la ha convertido en la marca más potente del mercado actual. Para el lanzamiento de su álbum *Reputation* utilizó una estrategia pensada para generar atención y sorpresa en torno a su nuevo disco.

Primero desactivó todas sus cuentas de las redes sociales (algo que luego han copiado muchos artistas), lo que generó una gran expectación y curiosidad entre sus seguidores, además de una fuerte especulación en torno a lo que estaba preparando, lo cual hizo más intensa aún la espera.

Cuando finalmente se publicó el primer sencillo, «Look What You Made Me Do», tanto el vídeo musical como la canción estaban cargados de referencias y mensajes que desafiaban las expectativas de sus fans y la percepción pública de su imagen. La combinación de una narrativa provocativa con elementos visuales sorprendentes generó una respuesta emocional intensa, con los seguidores discutiendo y compartiendo el contenido a gran escala.

Este enfoque no solo generó una enorme cantidad de comentarios y referencias en las redes sociales, sino que también impulsó las ventas y reproducciones de su nuevo álbum. La clave del éxito de Taylor radica en el equilibrio entre la provocación y la sensibilidad, una delgada línea por la que la artista navega siempre con el máximo cuidado, asegurándose de que su contenido sea impactante, pero también auténtico y relevante para su audiencia.

Como ves, la estrategia de provocar emociones fuertes puede ser altamente efectiva cuando se maneja con la sensibilidad y autenticidad adecuadas. Este método, ejecutado correctamente, puede impulsar a una marca a destacar en el mercado estableciendo conexiones profundas y duraderas con su público.

RESUMEN DEL CAPÍTULO

✓ **Define tu propósito:** Ten muy claro desde el principio por qué quieres provocar a tu audiencia y qué reacción esperas de ella.

✓ **Objetivos SMART:** Es imprescindible que tus campañas estén pensadas para alcanzar unos objetivos concretos y bien definidos.

✓ **Provoca con intención:** Alinea tu mensaje con los valores de tu marca para crear un discurso coherente que conecte emocionalmente con tu audiencia.

✓ **Reconocimiento de marca:** Genera conversación en torno a temas relevantes y posiciónate sin miedo para reforzar tu identidad.

✓ **Psicología de la provocación:** Diseña tu estrategia para buscar cuidadosamente la emoción indicada en cada momento.

3

¿Qué les vas a ofrecer? Crea una propuesta única en tu sector

En todos los años que llevo en el mundo digital, he escuchado muchas barbaridades sobre marketing, pero sin duda la peor de todas ha sido: «Tu producto es lo menos importante de tu estrategia», seguido de: «Véndele lo que sea a quien sea». Entiendo que estas dos afirmaciones funcionan cuando lo que quieres es vender humo, pero aquí no estamos para eso. No nos hemos pasado un capítulo entero de este libro encontrando el nicho adecuado y definiendo a tu cliente ideal para venderle a quien sea, y, desde luego, ahora que conocemos a esa persona a la perfección no le vamos a vender cualquier cosa.

El fin de lo que haces, tu motivación principal para crear tu producto o servicio no puede limitarse a facturar. Debe haber algo más detrás de tu trabajo para que todo el esfuerzo que haces adquiera sentido. Realmente tienes que querer mejorar la vida de tu cliente ideal, tienes que querer innovar, tienes que querer ofrecer una experiencia única. Porque si no es así, cualquier esfuerzo que hagas por aparentarlo se percibirá como falso y forzado.

Estamos en un punto en el que el mercado no solo está saturado de ofertas, sino también de usuarios cansados de invertir dinero sin obtener los resultados que les habían prometido en un inicio. Esto hace que la gente sea cada vez más reacia a las ofertas «irresistibles» que encuentran online y que se aseguren de mirar con lupa las condiciones del producto o servicio que van a adquirir. Es normal que lo hagan.

Lo cierto es que si consigues desarrollar una propuesta única de valor que responda a las necesidades de tu cliente ideal y eres capaz de entregar exactamente lo que le has prometido, tendrás más de la mitad del trabajo hecho y el éxito casi asegurado. No intentes venderle lo que sea a quien sea, busca a una persona sedienta en mitad del desierto y llévale una botella de agua; te pagará el precio que pidas encantada, te lo agradecerá y te recomendará a todo el mundo porque sentirá que de verdad le has ayudado.

Una propuesta única de valor no es simplemente un eslogan bonito o una promesa de venta para captar la atención de la gente, es mucho más, y si se gestiona de forma correcta, no solo te servirá para destacar en el mercado, sino que te ayudará a fomentar la lealtad de tus clientes con tu marca y los animará a hacer recomendaciones incondicionales.

Un gran ejemplo de marca que ha cuidado su propuesta de valor al milímetro, consiguiendo dominar el mercado durante años, es Apple. Con cada nuevo lanzamiento, Apple busca innovar tecnológicamente al mismo tiempo que ofrece una experiencia única que combina diseño y funcionalidad a la perfección. El iPad, el iPhone, el MacBook, todos han sido productos pensados no solo para realizar las funciones básicas que se esperan de estos dispositivos, sino también para innovar y ofrecer un diseño exclusivo que durante años el resto de los competidores han intentado copiar para mantenerse en el mercado.

Gracias a su propuesta única, Apple se ha podido posicionar como una marca que vende estatus y sofisticación, lo cual ha hecho que sea el gran referente del mercado y que haya generado una profunda lealtad entre sus clientes, que suelen ser grandes defensores de la marca y de sus productos.

La propuesta única de valor

La propuesta única de valor, también conocida como PUV, es una declaración esencial que no solo comunica el valor de tu producto o servicio, sino que también explica por qué los usuarios deberían preferirte frente a tu competencia. Describe los beneficios de tu oferta, cómo resuelve los problemas de tus clientes y por qué es diferente de las otras opciones.

El significado de tu PUV ha de responder a una pregunta muy simple: ¿por qué debería un cliente elegirte a ti antes que a tus competidores? La efectividad de tu propuesta de valor reside en la capacidad de destacar las características únicas de lo que ofreces y cómo, gracias a ellas, das soluciones reales a los problemas o deseos de tu cliente ideal. En definitiva, una buena PUV debe mostrar de forma clara los beneficios que va a obtener el consumidor.

Un ejemplo de propuesta única de valor en el mercado es la de IKEA. La estrategia de la marca sueca se centra en mostrar cómo se verían sus productos en conjunto. No exhiben el producto con un listado de características que la mayoría de la gente ni mira, se esfuerzan por mostrarte el producto integrado en un entorno real. Y con eso consiguen que te imagines fácilmente cómo quedaría en tu casa, haciendo que automáticamente lo quieras comprar. Toda la experiencia de compra está pensada para que vayas viviendo el paso por cada una de las estancias como si se tratara de tu propio hogar y no de una tienda.

Además, IKEA se ha caracterizado siempre por ser sostenible y accesible a todo el mundo, creando muebles de diseño para todo tipo de viviendas. El éxito de su propuesta está más que demostrado porque ¿quién no tiene hoy un mueble de IKEA en casa?

Como ves, para innovar y destacar en el mercado, es necesario tener muy claro qué valor diferencial vas a aportar a tus clientes, qué les vas a ofrecer que nadie más les está dando, qué problema vas a solucionar que solo tú eres capaz de ver. Esa es la clave de tu estrategia de provocación, y es lo que vamos a ver ahora.

La pirámide de valores de Maslow

La pirámide de Maslow es una teoría, desarrollada por el psicólogo Abraham Maslow en 1943, que propone que las necesidades humanas están organizadas siguiendo una jerarquía, y que las personas deben satisfacer las más básicas antes de poder avanzar hacia niveles más altos.

La pirámide de Maslow, o jerarquía de necesidades de Maslow, nos ayuda a entender qué nos impulsa como seres humanos y nos explica que nuestras acciones (y las compras que hacemos) están motivadas por nuestra necesidad de sobrevivir y prosperar.

Originalmente, la pirámide se dividía en cinco niveles, pero fue actualizada en 1970 para incluir tres niveles adicionales en la parte superior: necesidades cognitivas, necesidades estéticas y la necesidad de autotrascendencia.

Estos tres nuevos niveles enriquecen la teoría original de Maslow, reconociendo que las motivaciones humanas pueden ir más allá de la satisfacción personal. En la vida de una persona pueden surgir motivaciones más complejas, como el deseo de aprender, crear, apreciar la belleza y, finalmente, trascender en el sentido de buscar un propósito que beneficie a otros o a la humanidad en general.

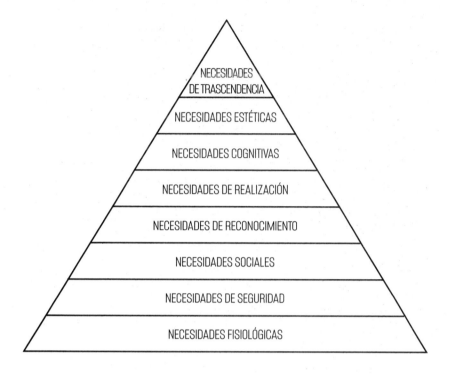

A continuación, vamos a ver con detalle los ocho niveles empezando por la base de la pirámide:

1. **Necesidades fisiológicas:** En la base de la pirámide se encuentran las necesidades básicas para la supervivencia, como la alimentación, el cuidado de nuestra salud o el tiempo de descanso. Son las necesidades más básicas que debemos cubrir para encontrarnos bien físicamente.

2. **Necesidades de seguridad:** En el segundo nivel se encuentran las necesidades relacionadas con la seguridad física y emocional, como son tener un trabajo o una casa. Después de las necesidades fisiológicas, estas son las más importantes para cualquier persona.

3. **Necesidades sociales:** En el tercer nivel se hallan las necesidades sociales de las personas, como las relaciones sentimentales, la sensación de aceptación o la capacidad de compartir intereses con los que nos rodean. En este grupo se incluyen el amor, la amistad y las relaciones familiares.

4. **Necesidades de reconocimiento:** En el cuarto nivel se encuentran las necesidades de reconocimiento social, que incluyen: la autoestima, la confianza y el respeto por los demás. Todas las personas, de una u otra manera, buscan tener reconocimiento y estatus, y alcanzar logros para sentirse validadas.

5. **Necesidades de realización:** En el quinto nivel de la pirámide están las necesidades de realización personal, que tienen que ver con la creatividad, la búsqueda de respuestas a cuestiones profundas o la capacidad de resolución de problemas de cada uno.

6. **Necesidades cognitivas:** En el sexto nivel están las necesidades que se refieren al deseo de conocimiento, comprensión y curiosidad. Incluyen la búsqueda de información, la necesidad de explorar, aprender y entender el mundo que nos rodea.

7. **Necesidades estéticas:** El séptimo nivel lo ocupan las necesidades relacionadas con la apreciación y la búsqueda de la belleza, el equilibrio, la forma y el arte. Se trata del deseo de experimentar y crear belleza en el entorno.

8. **Necesidades de trascendencia:** En el nivel más alto de la pirámide se encuentra la necesidad de conectar con algo más allá de uno mismo, a menudo asociado con la espiritualidad, la búsqueda del sentido de la vida y la preocupación por el

bienestar de los demás. La trascendencia implica ayudar a otros a alcanzar sus sueños o ir más lejos de las propias limitaciones.

Maslow defiende que esta jerarquía de necesidades no siempre es absoluta y que, en algunos casos, puede ser flexible. Por ejemplo, una persona puede arriesgar necesidades de seguridad para alcanzar metas de reconocimiento o realización.

La pirámide de Maslow es una herramienta muy empleada en el campo de la psicología, la educación y el desarrollo personal. También es muy útil en la creación de estrategias de marketing, ya que nos ayuda a entender fácilmente las prioridades de nuestros clientes, pudiendo utilizarlas a nuestro favor para crear productos o servicios que realmente necesitan y valoran.

En el caso de la creación de una propuesta única de valor, por ejemplo, las necesidades cognitivas pueden orientar nuestro mensaje hacia la promoción del aprendizaje y la innovación, mientras que las necesidades estéticas pueden influir en la importancia del diseño de nuestros productos y la imagen que proyecta la marca.

Aliviadores de frustraciones

Los aliviadores de frustraciones son características específicas de tu producto o servicio que ayudan a reducir, o eliminar, los problemas o inconvenientes que tu cliente ideal tiene actualmente con los productos similares que hay en el mercado. Estos problemas pueden ir desde aspectos técnicos o funcionales del producto hasta otros relacionados con el tiempo de espera o la atención al cliente.

Por ejemplo, alguien puede estar frustrado con el largo tiempo de espera en la entrega de un producto, con la complejidad del uso de un programa o, incluso, con un servicio de atención posventa deficiente. Los aliviadores de frustraciones son soluciones pensadas para afrontar directamente esos puntos de dolor del cliente, mejorando así su experiencia de usuario y, por tanto, su satisfacción general con el servicio recibido.

Para poder diseñar aliviadores de frustraciones efectivos para tu público, es imprescindible que comprendas a la perfección qué problemas concretos está teniendo tu cliente ideal. Y esta vez no vale solo con imaginar o asumir lo que piensa, necesitas saberlo con certeza. Por eso, la mejor opción es que te reúnas con varios de tus clientes para preguntarles por las dificultades y problemas que están teniendo con productos o servicios similares al tuyo.

Y cuando digo «reunir», me refiero exactamente a eso, nada de encuestas por Instagram o vía email, porque la gente no suele ser todo lo sincera que debería en esos formatos. Te interesa poder hacer las preguntas tú mismo, cara a cara, a clientes con los que tengas confianza y con los que puedas mantener una conversación honesta sobre el tema. Es la única forma que te permitirá conocer de verdad los puntos de dolor de tu público objetivo para así poder ofrecerles una solución real.

A continuación, te dejo algunas preguntas clave que puedes utilizar en tus entrevistas para identificar mejor las frustraciones de tu cliente ideal:

- ¿Qué características de los productos o servicios que has consumido te parecen más frustrantes? ¿Por qué?

- ¿Qué te ha faltado para sentir que estaban cumpliendo su promesa de venta?

- ¿Qué problemas frecuentes sueles encontrar con productos o servicios similares?

- ¿Qué mensajes o promesas suponen una barrera para ti a la hora de adquirir estos productos o servicios? ¿Por qué?

Las respuestas a estas cuestiones te darán una visión clara de los puntos de dolor que debe abordar tu propuesta de valor para ser relevante e interesante. Una vez tengas identificadas las frustraciones de tu clientela, el siguiente paso será crear una propuesta que dé solución a esos problemas y que, además, el cliente perciba como un valor añadido al producto o servicio que le estás ofreciendo.

Vamos a ver algunos ejemplos:

- **Tiempo de espera prolongado:** Si uno de los puntos de dolor es la demora en la entrega de productos, un aliviador de frustraciones podría ser un servicio de entrega en el mismo día o en veinticuatro horas. Además, podrías agregar un sistema de seguimiento en tiempo real para que los clientes estén siempre informados sobre el estado de su pedido.

- **Complejidad en el uso o el acceso:** Si los clientes encuentran dificultad utilizando una herramienta o plataforma online, un aliviador podría ser una interfaz de usuario intuitiva, tutoriales de uso o incluso una secuencia de emails de bienvenida que les facilite el acceso.

- **Falta de personalización:** Si sienten que los productos o servicios no se adaptan a sus necesidades específicas, un aliviador de frustraciones podría ser la posibilidad de tener sesiones individuales para resolver sus dudas, preparar un plan de trabajo personalizado para cada uno u ofrecer la opción de crear ajustes y modificaciones en los productos según sus preferencias.

- **Mala atención al cliente:** Si han tenido experiencias negativas con la atención recibida, un aliviador podría ser un seguimiento excelente de proyectos o un equipo de asistencia fácilmente localizable y disponible en varios canales.

Para que los aliviadores de frustraciones sean efectivos, debes centrarte solo en aquellos problemas que más les importan a tus clientes; no intentes solucionarlos todos porque no destacarás en ninguno. Para que tu propuesta de valor sea efectiva, céntrate en exclusiva en las frustraciones que más valiosas resultan para tu cliente, y asegúrate de aliviarlas excepcionalmente bien.

Por ejemplo, si uno de los aliviadores que has creado es un servicio de entrega rápida, tu propuesta única de valor podría destacar esta característica con una frase: «Recibe tu producto en menos de veinticuatro horas». Esta declaración no solo comunica un beneficio claro, sino que también apela directamente a una frustración común entre los clientes.

Además, es importante que seas capaz de comunicar estas ventajas de manera clara y concisa en todos los puntos de contacto con el cliente: la página web, las publicaciones de las redes sociales y las campañas de publicidad. La coherencia y consistencia del mensaje ayudará a reforzar la percepción de que tu producto o servicio es la mejor opción para resolver sus problemas.

Por otra parte, es fundamental que los aliviadores de frustraciones no sean percibidos como soluciones estáticas. Las expectativas y necesidades de los clientes cambian rápidamente, por lo que es importante estar siempre actualizado respecto a sus demandas y problemas para poder seguir siendo relevante.

Por ejemplo, si notas que las expectativas en cuanto a la velocidad de entrega han cambiado y los clientes ahora valoran más la sostenibilidad de los productos, podrías adaptar tu aliviador ofreciendo opciones de entrega ecológicas y compensaciones en la huella de carbono. De esta manera, no solo sigues aliviando una frustración, sino que también te alineas con los valores emergentes de tus clientes.

Creadores de alegrías

Los creadores de alegrías son características de tu producto o servicio que superan las expectativas de tu cliente, generando mucha satisfacción y dejando la sensación de que la experiencia ha sido insuperable. Estas mejoras pueden estar relacionadas con la funcionalidad del producto, la experiencia del usuario, el servicio de atención al cliente o incluso con la percepción emocional que el cliente tiene al interactuar con tu marca.

A diferencia de los aliviadores de frustraciones, que se enfocan en reducir o eliminar problemas, los creadores de alegrías se centran en aportar un valor añadido que sorprende positivamente a los clientes, creando una sensación de gran satisfacción en ellos. Esta sensación de satisfacción puede ser una muy buena herramienta para construir lealtad a largo plazo y fomentar las recomendaciones por parte de los clientes.

Al igual que con los aliviadores de frustraciones, la mejor manera de conocer las alegrías de tus clientes es preguntándoles directamente a ellos en una reunión informal. Esta reunión en ningún caso debe ser una sesión de venta y, desde el principio, tienes que ser muy claro con el objetivo por el que los estás convocando. Para motivarles a acceder a tu propuesta, puedes ofrecerles algún regalo o beneficio para que así sientan que están invirtiendo su tiempo en algo que les aporta valor.

A continuación, te dejo algunas preguntas clave que puedes

utilizar en tus entrevistas para identificar mejor las alegrías de tu cliente ideal:

- ¿Qué características o experiencias les han gustado mucho en productos o servicios similares? ¿Por qué?

- ¿Qué aspectos extra valoran especialmente a la hora de comprar? ¿Por qué?

- ¿Qué detalles los harían conectar de forma especial con la marca? ¿Por qué?

- ¿Qué requisitos tendrían que cumplirse para que compartieran su experiencia con otros o directamente la recomendaran sin pensarlo?

Estas preguntas te ayudarán a identificar no solo lo que tus clientes necesitan, sino también lo que desean profundamente y lo que supondría una experiencia excepcional para ellos. Una vez identificadas las fuentes de alegría para tu cliente ideal, el siguiente paso es desarrollar creadores de alegrías que cumplan sus expectativas, pero que también las superen.

Estos serían algunos ejemplos:

- **Personalización avanzada:** Ofrecer opciones de personalización que permitan a los clientes adaptar el producto o servicio a sus gustos y necesidades específicas puede ser un creador de alegrías poderoso. Por ejemplo, un servicio de *streaming* que recomienda contenido basado en el estado de ánimo del usuario, o un producto que puede ser personalizado con los colores y materiales elegidos.

- **Atención al cliente excepcional:** Proporcionar un servicio al cliente que vaya más allá de lo esperado, como un equipo de soporte disponible 24/7 con una actitud proactiva y resolutiva o un programa de recompensas que premie la fidelidad del cliente, puede transformar una experiencia ordinaria en una extraordinaria.

- **Diseño estético y funcionalidad:** Los productos que combinan un diseño estético atractivo con una funcionalidad superior pueden crear alegrías significativas. Por ejemplo, un dispositivo tecnológico que no solo funciona perfectamente, sino que también es un placer utilizar gracias a su diseño ergonómico y su interfaz intuitiva.

- **Detalles adicionales:** Incluir detalles inesperados en la experiencia del cliente, como una nota personalizada en un paquete, regalos o acceso exclusivo a contenido o eventos, puede generar una sensación de alegría y sorpresa positiva que deja una impresión duradera.

- **Experiencias de marca memorables:** Crear experiencias que conecten emocionalmente con el cliente, como eventos únicos, campañas de marketing interactivas o comunidades exclusivas para usuarios, puede construir una relación más profunda y significativa entre la marca y el cliente.

Los creadores de alegrías deben estar integrados de manera explícita en tu PUV, resaltando que tu producto o servicio no solo resuelve problemas, sino que también ofrece algo más: una experiencia única y gratificante. Al comunicar estos aspectos en tu PUV, debes enfocarte en transmitir cómo tu oferta eleva la experiencia del cliente a un nivel superior.

Por ejemplo, si uno de tus creadores de alegrías es la personalización avanzada, tu PUV podría resaltar esto con una declaración como: «Hazlo tuyo: personaliza cada detalle para que se adapte a tu estilo y tus necesidades únicas». Esta declaración comunica el valor añadido, pero también invita al cliente a imaginar cómo tu producto o servicio puede mejorar su vida de una manera personal y significativa.

Además, es importante que estos creadores de alegrías se reflejen en todos los aspectos de la comunicación y el marketing de la marca. Desde el tono en los correos electrónicos hasta la presentación visual del producto en su empaque, cada punto de contacto con el cliente debe reforzar la idea de que tu marca no solo cumple, sino que supera expectativas.

Al igual que con los aliviadores de frustraciones, es fundamental que los creadores de alegrías evolucionen con el tiempo para mantenerse relevantes y efectivos. A medida que cambian las expectativas y deseos de los clientes, también deben cambiar los aspectos de tu oferta que generan alegría.

Esto requiere un enfoque hacia la innovación y la mejora continua. Mantente en contacto con tus clientes, solicita su retroalimentación y estate atento a las tendencias emergentes en el mercado que puedan influir en lo que los clientes consideran experiencias gratificantes. Al hacerlo, podrás adaptar y actualizar tus creadores de alegrías para seguir sorprendiéndolos y deleitándolos.

> Si quieres trabajar tus aliviadores de frustraciones y creadores de alegrías, descarga el dosier de ejercicios en el siguiente enlace:
>
> **elenaguirao.com/bonus**

Comunicación del valor

De nada te sirve entender a tu audiencia a la perfección y crear un producto único para ella si luego no eres capaz de comunicar el valor de lo que haces, si no eres capaz de transmitirle claramente cómo vas a solucionar sus problemas mejor que nadie. La comunicación del valor va mucho más allá de mencionar una lista de características enorme, porque si algo hemos aprendido hasta ahora en este libro, es que con eso no basta para destacar.

A tu cliente solo le interesa una característica concreta, una cualidad muy específica de tu producto o servicio que le va a aliviar una frustración muy problemática o le va a causar una alegría única. El resto de los detalles está bien que los conozca antes de comprar, pero no es lo que va a hacer que se decida por ti. Para conseguir captar la atención de tu cliente y luego transformarla en un deseo de compra, debes construir una narrativa que conecte emocionalmente con él haciendo que sienta que eso es justo lo que necesita en ese momento para su estilo de vida o negocio.

Para lograr esa conexión especial, tu comunicación debe centrarse en destacar, por encima del resto de las características, esa cualidad especial que has incluido en tu producto o servicio para responder a los deseos más profundos de tu público, incitándolo a actuar.

Un buen ejemplo de marca que controla a la perfección la comunicación para destacar los beneficios de su propuesta de valor es Tesla. La compañía de Elon Musk no se limita a vender coches, vende una visión de futuro, vende una alternativa única al coche tradicional. La comunicación de Tesla gira en torno a la innovación y a la sostenibilidad, y anuncia no solo un vehículo, sino un estilo de vida moderno y responsable con el medioambiente.

Este mensaje conecta especialmente con un público interesado en adquirir siempre las últimas tecnologías del mercado y que, además, está concienciado en proteger nuestro planeta y en acabar con la contaminación de los coches. Su discurso destaca principalmente el compromiso de la marca para reducir la dependencia de los combustibles fósiles sin renunciar a un buen diseño o un rendimiento óptimo del motor. Con esta narrativa, han conseguido captar con facilidad la atención de un segmento que valora tanto la innovación como la sostenibilidad.

Con esta estrategia, Tesla ha conseguido crear una base de clientes fieles defensores de la marca y, al mismo tiempo, se ha posicionado como líder en la revolución de los automóviles eléctricos.

Crea un producto o servicio único

Crear algo realmente único en un mercado donde la innovación y los cambios constantes están a la orden del día es todo un reto. No basta con ser creativo y auténtico, necesitas poder ofrecer a tus clientes algo que de verdad sea novedoso y útil para obtener su atención y su lealtad a largo plazo.

Para destacar entre tanta competencia, es importante que pienses en cómo puedes mejorar un producto existente o crear uno nuevo que solucione esas frustraciones no resueltas que tus clientes llevan tiempo arrastrando. Y esto no se logra de un día para otro. Requiere un trabajo de introspección grande sobre lo que estás ofreciendo para entender cómo lo puedes mejorar, y también observar a la competencia atentamente para identificar qué puntos de dolor están pasando por alto.

Cuando pones todos tus esfuerzos en solucionar las necesidades insatisfechas de tus clientes o en darles alegrías extraordinarias, no solo estás creando un valor añadido para los usuarios, sino que también estás posicionando la imagen de tu marca como referente en su sector. A veces estas mejoras son solo pequeños ajustes, cambios simples pero que aumentan la eficacia o la usabilidad de un producto. No hace falta inventar la rueda para ser efectivo. Algo tan sencillo como mejorar la usabilidad de tu web para la navegación en el móvil o añadir un nuevo método de pago que facilite el paso final puede ser la clave que consiga que tus clientes te elijan a ti en el momento adecuado.

Pero si de verdad quieres cambiar las reglas del juego, si de verdad quieres provocar y destacar, tienes que buscar innovaciones disruptivas que modifiquen por completo cómo tus clientes perciben e interaccionan con tu marca. Esto puede significar introducir una nueva tecnología en tu sector o rediseñar un producto desde cero para que se destaque de forma radical entre la competencia.

Obviamente, esta estrategia supone más riesgo, pero si piensas en los beneficios que puedes obtener con ella, entenderás que merece la pena.

Veamos las tres estrategias más eficaces para innovar en tu sector y cambiar las reglas del juego.

Experiencia del cliente

Ofrecer una gran experiencia a tus clientes puede ser una buena estrategia para destacar frente a la competencia, pero, para que funcione bien, te tienes que asegurar de entregar algo que sorprenda y supere las expectativas de tu audiencia; de otra forma, no funcionará. Esto implica pensar en cada detalle del viaje que el cliente va a realizar con tu marca, desde algo tan básico como la navegación de tu web hasta la atención y soporte que ofreces una vez finalizado el servicio; nada puede fallar. Si vas a trabajar con este enfoque, debes tener en cuenta que una experiencia excepcional no solo resuelve las necesidades inmediatas de tu cliente, sino que también hace que todo el proceso sea algo que disfruten y quieran repetir. Esto les motivará a hablar de tu marca a otras personas y recomendarte con los ojos cerrados.

> Si hay una marca que ha sabido trabajar la experiencia del cliente mejor que nadie, es sin duda Disney con sus parques temáticos. Lo que vives en Disneyland no lo puedes experimentar en ningún otro sitio, no tienen competencia, son los únicos que te venden una experiencia única para disfrutar en familia y crear recuerdos inolvidables. Además, sus parques temáticos refuerzan el concepto general de la marca, invitando a soñar y a vivir aventuras mágicas sin importar la edad que tengas.
>
> Una de las últimas novedades en su estrategia de personalizar al máximo la experiencia del cliente ha sido la creación de las Magic Bands, con las que los visitantes pueden reservar atracciones, comprar comida o acceder a su hotel fácilmente. Este nivel de conocimiento de lo que necesitan los usuarios hace que la experiencia sea mejor, pero también crea una sensación de exclusividad difícil de borrar.
>
> ¿Cuál es el resultado de todo esto? Una lealtad impresionante. El viaje a Disney con los niños se ha convertido en un imprescindible para muchas familias que ahorran todo el año esperando que llegue el ansiado momento de trasladarse a un mundo mágico. Por supuesto, cuando vuelven hablan de su experiencia con familiares y amigos, recomendándola a todo el mundo, generando así una publicidad con el boca a boca difícil de superar por otros medios. Esta fidelidad no se consigue fácilmente, y cuesta mucho replicarla, lo que convierte la experiencia del cliente en un pilar fundamental del éxito de Disney.

Como ves, ofrecer una experiencia de cliente única te va a ayudar a destacar y a conseguir un flujo de clientes constante gracias al boca a boca. Además, con esta estrategia estás fomentando la lealtad a tu marca y trabajando en tu crecimiento a largo plazo.

Innovación de producto

Innovar es imprescindible para destacar en un mercado saturado, pero cada vez es más difícil de conseguir. Lo primero que debes tener en cuenta es que innovar no significa únicamente añadir nuevas características a un producto o servicio, sino, más bien, buscar cómo puedes redefinir conceptos establecidos para satisfacer las necesidades de tus clientes.

Para que la innovación sea efectiva, debes repensar y rediseñar lo que ya existe, cuestionando las normas establecidas y buscando nuevas formas de satisfacer las necesidades de tus clientes. Esto puede implicar un cambio en el modo de consumo del producto, en cómo interaccionan las personas con la marca o incluso en cómo se estructura tu modelo de negocio. Un buen ejemplo de esto es el lanzamiento del Dyson Airwrap, que cambió por completo el concepto de secador que teníamos hasta ese momento y revolucionó el mercado al introducir una herramienta que sirve para secar, rizar, alisar o dar volumen al pelo sin necesidad de calor extremo.

El Dyson Airwrap no es solo un producto, es un cambio en la forma de entender el estilismo: práctico, innovador y diseñado para cuidar el pelo, que es lo que más importa a sus usuarios. Esta innovación estableció un nuevo estándar en el sector, mostrando cómo la tecnología puede reinventar categorías aparentemente estancadas y transformar por completo la experiencia del usuario.

La verdadera innovación surge cuando te atreves a salirte de lo convencional para ofrecer algo que no solo resuelve un problema, sino que también aporta un valor nuevo e inesperado a tu público. Este valor añadido puede tomar muchas formas: una mayor conveniencia, una experiencia más personalizada o incluso un sentido de comunidad que antes no existía. La clave está en entender profundamente a tus clientes, identificar sus necesidades no satisfechas y encontrar maneras creativas de abordarlas de una manera que sorprenda y deleite.

Sin embargo, es importante recordar que la innovación no es un fin en sí mismo, sino un medio para lograr un impacto duradero. No basta con lanzar una idea novedosa; es necesario asegurarse de que esta innovación realmente conecte con tu audiencia y aporte un valor tangible que mejore su vida de alguna manera. Al hacerlo, no solo destacas en un mercado saturado, sino que también construyes una relación más sólida y significativa con tus clientes, lo que te permite mantenerte relevante a largo plazo.

Precios competitivos

Otra gran estrategia para destacar frente a la competencia consiste en ofrecer precios competitivos sin sacrificar la calidad de lo que estás entregando. Por supuesto, no se trata de bajar los precios a lo loco para ser el más barato de todos reduciendo tus beneficios al mínimo. Esta estrategia requiere realizar un trabajo interno de optimización de procesos y mejoras en el rendimiento que te ayudarán a localizar los puntos más débiles de tu sistema de producción.

Todo ello puede significar buscar nuevos proveedores para obtener mejores precios, automatizar ciertas tareas o rediseñar productos para que sean más fáciles de fabricar. Al hacer estos ajustes, logras reducir gastos y mejoras el funcionamiento de tu negocio y la calidad de tu producto, lo que te permite ofrecer precios más atractivos sin alterar el valor percibido por el cliente.

Además, llevar un control exhaustivo de tus gastos te da la flexibilidad de poder ajustar tus precios en función de las condiciones del mercado, lo que también te hará más competitivo en momentos de crisis o situaciones imprevistas. Al final, se trata de hallar el equilibrio perfecto para que puedas ofrecer un buen producto a un buen precio.

Por ejemplo, la marca The Ordinary ha sabido aplicar esta estrategia a la perfección. Desde su lanzamiento, The Ordinary ha revolucionado la industria de la belleza al ofrecer productos de alta calidad a precios sorprendentemente bajos. Lo han conseguido al simplificar sus formulaciones enfocándose en ingredientes activos clave y eliminando elementos innecesarios, como fragancias o envases lujosos. Además, han sabido mantener un enfoque transparente en su comunicación, educando a sus clientes sobre los ingredientes y procesos utilizados, lo que refuerza la percepción de valor y calidad. Este modelo les ha permitido no solo mantener precios competitivos, sino también construir una base de clientes leales que confían en la eficacia de sus productos.

Como ves, diferenciarse en el mercado actual requiere una combinación de estrategias que puede incluir la creación de una experiencia de cliente única, el diseño de soluciones innovadoras y la optimización de recursos al máximo. Todos estos elementos se pueden trabajar en conjunto para llegar a una propuesta que atraiga a tu cliente ideal y lo fidelice a largo plazo.

Valida tu idea en el mercado

En 1983, Steve Jobs lanzó uno de los productos más ambiciosos de Apple: el Apple Lisa. Se trataba de uno de los primeros ordenadores personales del mercado que contaba con una interfaz gráfica de usuario y ratón. Ambas características eran muy revolucionarias para su época, pero, a pesar de eso, su lanzamiento fue un fracaso debido a varios problemas:

- **Precio elevado:** El ordenador costaba casi diez mil dólares, lo cual hacía que fuera inaccesible para la mayoría de las personas.
- **Rendimiento limitado:** Aunque era muy innovador, el Lisa tenía problemas de velocidad y rendimiento que lo hacían poco práctico para muchos usuarios.
- **Falta de aplicaciones:** En aquella época no había suficiente *software* desarrollado para este PC, lo que limitaba mucho su uso.

Por aquel entonces, Jobs ya era conocido por generar expectación en torno a los productos de Apple y por su gran creatividad para montar campañas de marketing. Sin embargo, el Apple Lisa fue un gran fracaso comercial. Las ventas fueron muy bajas y la inversión que supuso su desarrollo no se recuperó.

Y es que no importa cuántos esfuerzos hagas por promocionar un producto o servicio, si el público no está preparado para él, nunca lo comprará. El éxito de tu estrategia depende en gran medida de la calidad y la idoneidad de tu producto, porque si lo que estás intentando vender no está bien pensado para el mercado actual, te será imposible hacerlo. Por eso, antes de lanzarte por completo a vender un nuevo producto o servicio, es muy importante que valides tu idea en el mercado y te asegures de que realmente es algo que le interesa a tu audiencia.

Este proceso de validación es fundamental, no solo para evitar que acabes quemado promocionando algo que no tiene salida desde el principio, sino también para que puedas perfeccionar tu producto o servicio al máximo, adaptándolo a las necesidades del mercado actual. Para ello, lo primero que debes hacer es crear un producto mínimo viable y validarlo en el mercado. A continuación, veremos este apartado con detalle.

El producto mínimo viable (PMV)

Una vez tienes claro cómo vas a ayudar a tu audiencia a resolver sus problemas y frustraciones, lo siguiente que debes hacer es poner a prueba tu solución. Aquí es donde entra en juego la creación de un prototipo o producto mínimo viable (PMV). Este concepto, que se hizo famoso gracias al método Lean Startup, es una herramienta clave para comprobar si tu idea realmente tiene futuro, antes de pasar a la acción y crear una campaña de lanzamiento que te suponga una gran inversión de tiempo y dinero.

El PMV no consiste en crear un producto final perfecto y pulido, sino en diseñar una versión reducida de tu idea que incluya únicamente las funcionalidades más esenciales. Piensa en él como un pequeño experimento: te permitirá lanzar una propuesta simplificada y enfocada a tus primeros usuarios, quienes podrán darte un *feedback* valioso. Esto te ayudará a entender qué les funciona, qué no y si realmente están dispuestos a pagar por ello. Es decir, en lugar de lanzarte al vacío sin saber si el producto va a triunfar o fracasar, el PMV te ofrece una forma rápida y económica de validar tus hipótesis.

Es importante que en este proceso te concentres en aprender lo máximo posible con el menor esfuerzo. ¿Cuál es la característica principal de tu producto o servicio que resuelve el problema de tu cliente? ¿Cómo puedes ofrecerle una solución rápida, aunque sea imperfecta, para ver cómo reacciona? Si la respuesta es positiva, podrás seguir avanzando con mayor seguridad y mejor conocimiento del terreno. Si no lo es, habrás evitado cometer un error, ganando tiempo y recursos para ajustar o incluso replantear el enfoque inicial.

A continuación, vamos a ver tres métodos con los que puedes implementar un producto mínimo viable:

1. **Ilustraciones y *storyboards*:** Una forma efectiva de visualizar y presentar la idea del producto o servicio antes de su desarrollo es mediante ilustraciones detalladas o *storyboards*. Estos pueden presentarse de forma interna al equipo de trabajo o también a un pequeño grupo de clientes para obtener su opinión y sugerencias.

2. **Testeo con clientes:** Crear un modelo o una réplica del producto que imite la funcionalidad que se quiere testear puede darnos mucha información sobre problemas potenciales de usabilidad o diseño. En el caso de un nuevo servicio, también podríamos hacer este ejercicio testeando con algunos clientes seleccionados para obtener su opinión.

3. **Crea una preventa:** Otra estrategia para validar un PMV es lanzar una campaña de preventa. Esto no solo genera interés y curiosidad, sino que también nos da una idea previa de la acogida que va a tener el producto en el mercado. Además, una preventa te puede ayudar a financiar las etapas iniciales

del desarrollo del producto mientras generas expectación entre los clientes.

Como ves, crear un producto mínimo viable es un paso fundamental en el desarrollo de nuevos productos o servicios que te permite validar ideas de manera efectiva, reduciendo significativamente el riesgo asumido. Además, esta estrategia te ayudará a optimizar la inversión realizada y a ofrecer soluciones mucho más completas que satisfagan mejor las necesidades de tus clientes.

Mide el rendimiento y aprende de los resultados

De nada sirve estudiar a tu cliente, analizar tu negocio y crear un prototipo de tu producto o servicio si luego no analizas detenidamente todos los datos que has ido recogiendo durante el proceso. Puede parecer algo obvio, pero te aseguro que es un paso que la mayoría de la gente se salta.

Cuando un lanzamiento no va bien o un nuevo producto no funciona, lo más inteligente que puedes hacer es revisar todos los datos que tengas para poder llegar a una conclusión informada sobre lo que ha pasado, porque asumir que ese producto simplemente no gusta o no tiene demanda es la salida fácil y nos lleva a volver a empezar de cero sin haber sacado nada en claro del trabajo y el tiempo invertido en el proceso.

Utiliza todas las herramientas de analítica disponibles para saber exactamente qué ha ocurrido en cada uno de los pasos de tu campaña. Observa las visualizaciones de las redes sociales, las aperturas y clics de los emails, las visitas de la web; todo lo que esté a tu alcance es información valiosa que puedes utilizar a tu favor.

¿Sabías que las grandes marcas lo miden todo en tiempo real para ir haciendo ajustes en su web y en sus anuncios que les permiten incrementar las ventas según les interesa?

> Zara, por ejemplo, tiene un equipo de analistas dedicado en exclusiva a medir continuamente la actividad en su web. Esto le permite analizar los datos de compra de los usuarios y utilizar esa información para hacer ajustes estratégicos como mover ciertos productos a la parte superior de la página de inicio o incluso mostrarlos varias veces durante la navegación para destacarlos más.

Estudiar los datos obtenidos y analizar la respuesta de los usuarios te puede ayudar no solo a incrementar tus ventas, sino también a trabajar los siguientes puntos de tu negocio:

- **Optimizar la inversión publicitaria:** Los anuncios en las redes sociales pueden ser una buena herramienta para conseguir visibilidad en momentos clave, pero, para asegurarte de que no estás tirando el dinero, debes hacer un buen seguimiento de las métricas y los resultados obtenidos.

- **Mejorar la experiencia del cliente:** Analizar el comportamiento de los usuarios al entrar en tu web o al leer tus emails te puede ayudar a mejorar mucho la experiencia del cliente. Aspectos tan básicos como reducir los clics que deben realizar para llegar a un producto u optimizar los títulos de tus correos pueden mejorar notablemente su experiencia y, con ello, reforzar su conexión con la marca.

- **Reaccionar a las tendencias:** Estar siempre atento a los posibles cambios en el comportamiento de tus clientes te proporciona una gran ventaja frente a la competencia, ya que te permite reaccionar más rápidamente a las variaciones y fluctuaciones del mercado.

Como ves, analizar el comportamiento de los usuarios y su forma de relacionarse con tu marca es clave para que puedas seguir ofreciéndoles lo que buscan. Toda estrategia de provocación debe estar acompañada de datos que te ayuden a entender si está dando los resultados esperados o no para que puedas ajustarla o modificarla si es necesario. Y, sobre todo, para que puedas mejorarla y replicarla en el futuro con mayor éxito cada vez.

A lo largo de esta primera parte hemos intentado conocer a tu cliente ideal, descubrir sus miedos y sus alegrías, hemos estudiado la psicología de la provocación según tus intenciones y hemos creado una propuesta única en el mercado. Ha llegado el momento de seguir avanzando en el arte de la provocación para que empieces a crear contenido que genere impacto y te ayude a destacar.

RESUMEN DEL CAPÍTULO

✓ **Define tu propuesta única de valor:** Responde a las necesidades específicas de tu cliente, resuelve sus problemas y destaca lo que te distingue de la competencia.

✓ **Supera expectativas:** Ofrece más de lo que tus clientes esperan recibir para que la experiencia sea mejor de lo que habían imaginado.

✓ **Valida tus ideas:** Crea un producto mínimo viable (PMV) para validar tu idea antes de lanzarla al mercado.

✓ **Adapta e innova:** Mejora continuamente tu oferta para mantenerte relevante y alineado con las demandas del mercado.

✓ **Mide y optimiza:** Analiza los datos de tus campañas para ajustar estrategias y maximizar resultados.

SEGUNDA PARTE
Domina la provocación

Provocar es un arte y no se debe hacer de cualquier manera, imagino que ya te habrás dado cuenta de eso. Ahora ha llegado el momento de ver cómo puedes provocar de forma efectiva, analizando los formatos que mejor responden y decidiendo qué es lo más conveniente para tu marca en este momento. Porque hay algo clave que debes tener en cuenta: no todo funciona igual para todas las marcas, y tú debes ser muy consciente del posicionamiento de la tuya y de los riesgos que estás dispuesto a asumir a la hora de provocar a tu audiencia.

Lo primero que vamos a hacer es entender qué tipo de contenido, frases y actitudes pueden romper la monotonía y captar la atención de manera efectiva. Diferentes tipos de contenido pueden generar distintas reacciones: desde imágenes sorprendentes y vídeos impactantes hasta frases directas y actitudes desafiantes. La clave está en identificar qué resonará con tu público y cómo utilizar estos elementos para que tu mensaje no solo sea visto, sino también recordado. Por ejemplo, una campaña que emplee frases provocativas o un tono audaz puede atraer a una audiencia que valora la autenticidad y la originalidad.

Sin embargo, la provocación debe estar bien estudiada. Es fundamental definir claramente los límites de lo que es aceptable para tu marca y tu audiencia. Evaluar la tolerancia al riesgo y establecer límites claros ayudará a evitar que la provocación se convierta en algo hiriente o contraproducente. Saber diferenciar entre ser provocativo y ser ofensivo es esencial para mantener la integridad de tu marca mientras exploras el terreno de la controversia y el desafío.

Además, la provocación debe formar parte de un ciclo continuo de prueba, ajuste e innovación. No basta con lanzar una campaña provocativa y esperar que funcione. Debes estar dispuesto a experimentar, aprender de los errores y aciertos y ajustar tus tácticas en función del *feedback*. Esta experimentación continua permite a las marcas perfeccionar sus enfoques y adaptarse a las reacciones de la audiencia, asegurando que sus estrategias sigan siendo efectivas.

En resumen, dominar el arte de provocar requiere una mezcla de creatividad, estrategia y flexibilidad. Al entender qué contenido y qué tono provocan la respuesta deseada, establecer límites claros y adoptar un enfoque iterativo, las marcas pueden utilizar la provocación no solo para captar la atención, sino también para construir una conexión duradera con su audiencia y avanzar en un mercado competitivo. Este capítulo profundiza en cómo aplicar estos principios para hacer de la provocación una herramienta poderosa y efectiva en tu estrategia de marketing.

4
Tipos de contenido, frases y actitudes para provocar a tu audiencia

La teoría de la sobrecarga de información, introducida por Alvin Toffler en su libro *El «shock» del futuro* (1970), sostiene que, cuando estamos expuestos a demasiada información, nuestra capacidad para procesarla y tomar decisiones se ve afectada. En un momento en el que el acceso a la información es prácticamente ilimitado, esta teoría es ahora más relevante que nunca.

Vivimos en una era digital en la que estamos constantemente expuestos a noticias, actualizaciones en las redes sociales, correos electrónicos, vídeos y un sinfín de estímulos que intentan captar nuestra atención. Esta saturación no solo nos agota mentalmente, sino que también nos deja con una sensación de estar siempre «desactualizados», sin importar cuánto tratemos de leer sobre un mismo tema.

Otros estudios más recientes afirman que la exposición continua a las redes sociales, con su interminable cantidad de información, notificaciones e impactos, ha reducido considerablemente nuestra capacidad de atención. Un estudio de Microsoft en 2015 reveló que en esta cuestión el promedio de la gente es de tan solo ocho segundos, menos incluso que los nueve segundos de un pez dorado.

Este mismo estudio destacó que las interrupciones constantes y la multitarea digital dificultan la concentración, provocando lo que se conoce como «atención fragmentada». Las redes sociales, con sus vídeos cortos y su contenido de consumo rápido, están pensadas para ofrecer al cerebro una gratificación instantánea, lo que hace que cada vez estemos menos preparados para concentrarnos en tareas largas o complejas.

Algunos de los efectos de la sobrecarga de información son:

1. **Fatiga cognitiva:** La exposición continua a nueva información puede causar agotamiento mental, dificultando la toma de decisiones informadas.

2. **Decisiones impulsivas:** Con tanta información por procesar rápidamente, las personas tienden a decidir basándose en lo más reciente o accesible, sin un análisis profundo.

3. **Pérdida de memoria:** La sobrecarga de información puede afectar a la memoria a largo plazo, ya que el cerebro se enfoca en procesar lo nuevo, dejando menos espacio para retener datos anteriores.

La capacidad de atención está cada vez más limitada por la forma en que funcionan las redes sociales, que priorizan la inmediatez y la cantidad sobre la calidad y la profundidad. Con este panorama, te podrás imaginar que lo de captar la atención en las redes sociales no es cosa de suerte ni tampoco algo que se pueda lograr al primer intento. Por eso, en este capítulo vamos a ver detenidamente los tipos de contenido, frases y actitudes que mejor funcionan para provocar una reacción en tu audiencia.

Tipos de contenido que provocan

Publicar cualquier cosa en las redes sociales para cumplir con un calendario o con una cantidad de contenido específica me parece una gran pérdida de tiempo. No tiene sentido crear algo que no va a ver nadie o que va a pasar completamente inadvertido entre tu audiencia. Es contraproducente, además de frustrante. Por eso nunca me cansaré de decir que no tienes que publicar todos los días en las redes sociales para destacar. Es mejor invertir ese tiempo en trazar una buena estrategia y priorizar la calidad frente a la cantidad.

El objetivo no es hacerte viral con cada pieza de contenido que crees; tu intención debe ser generar un impacto en tu cliente ideal, en ese 2 por ciento que está dispuesto a comprarte. Como hemos visto anteriormente, no solo buscas llamar su atención, sino que también quieres provocar a tu audiencia para que realice una acción concreta, y para ello, necesitas entender a la perfección qué tipos de contenido son los más idóneos.

El contenido visual impactante, como imágenes o vídeos que sorprenden o emocionan, tiene el poder de captar la atención al instante. El escenario que utilices para grabar, la luz, la ropa que lleves, los efectos de edición o las tipografías empleadas son elementos que van a condicionar la estética de tu contenido, pero también cómo lo va a percibir la gente desde fuera. Todos estos detalles no deberían ser elecciones al azar, sino que tienen que estar pensados para buscar esa reacción concreta en tu audiencia y para reforzar la imagen de marca que quieres proyectar.

Por supuesto, las historias también son una parte muy importante de tu contenido, porque, por mucho que seas capaz de impactar visualmente, si el mensaje está vacío, la gente perderá el interés rápidamente. Las historias tienen el poder de desafiar, de reafirmar, de sorprender, de hacer reflexionar a las personas, de generar debate, de alinear a tu marca con los valores que quieres transmitir. Crear contenido es sinónimo de contar historias, y cuanto mejor lo hagas, más fácil te será conectar con tu audiencia.

Y, por último, no podemos olvidar los datos sorprendentes como estrategia de contenido efectiva para llamar la atención y presentar nuestro mensaje de manera clara y directa. Los números siempre despiertan curiosidad, y van a ser nuestro gran aliado a la hora de tratar temas importantes o controvertidos porque hay una verdad universal que nunca falla: los números no mienten, y eso la gente lo sabe.

Vamos a ver paso a paso cada una de estas estrategias, con ejemplos y ejercicios concretos, para que las entiendas bien y puedas aplicarlas en tu negocio.

Contenido visual impactante

Está claro que en un mundo de inmediatez, en el que tan solo tienes ocho segundos para captar la atención de la gente, necesitas crear contenido visualmente impactante para retener a tu audiencia. Pero para lograr ese primer impacto, no basta con tan solo ponerte delante de la cámara a grabar. Cada elemento que forma parte de tu contenido visual juega un papel importante en cómo este va a ser percibido, y en los sentimientos que va a despertar entre tu público.

El lugar que elijas para grabar no debe limitarse a un fondo bonito, pues es el entorno que va a determinar el tono y el contexto de tu mensaje. Si, por ejemplo, grabas tus vídeos en tu estudio con una estantería de fondo, estarás dando una imagen más seria y profesional, mientras que si lo haces en el exterior caminando por la calle o por la playa, te estarás mostrando más cercano y accesible. Seguro que, simplemente, al leer el nombre de cada uno de los escenarios que acabo de mencionar, tu mente ha hecho una asociación distinta, con diferentes sensaciones en cada caso.

Lo mismo pasa con la luz, que tiene la capacidad de transformar completamente el ambiente en el que te encuentres. Una luz difusa y natural proyectará una imagen cercana y transparente, mientras que una luz marcada, con sombras, dará un aspecto más misterioso y enigmático.

Por supuesto, la ropa que lleves también es un detalle importante que tener en cuenta. Está claro que no transmite lo mismo una sudadera con capucha que una americana. Tienes que elegir el vestuario y los complementos que mejor reflejen la imagen que quieres proyectar; ya sea seria, informal, divertida o atrevida, tu ropa debe acompañar el mensaje que pretendes transmitir para que llegue con más fuerza a tu audiencia.

Y, evidentemente, no podemos olvidar los efectos de edición y las tipografías que emplees en tu contenido. Lo mejor es que intentes utilizar siempre los mismos efectos, colores y tipografías para que haya coherencia en la estética de la marca y no mandes un mensaje contradictorio. En este sentido, un montaje rápido con cortes dinámicos puede transmitir energía y cierta urgencia, mientras que una edición más suave y delicada puede evocar calma y reflexión.

Vamos a tomar de ejemplo a Rosalía para intentar entender todo esto un poco mejor. Y es que en el trabajo que ella hace en cada uno de sus vídeos nunca hay nada al azar; tampoco en sus videoclips ni en el contenido que sube a las redes sociales: es todo puro marketing y está estudiado al milímetro. En el videoclip de la canción «Malamente», que la hizo saltar a la fama, Rosalía utiliza una mezcla de iconografía cultural española con una estética moderna y urbana. Las imágenes de toreros, motociclistas y elementos religiosos se combinan en un *collage* visual que desafía las expectativas de la audiencia, creando un impacto inmediato que te hace querer verlo una y otra vez en bucle. Este tipo de contenido visual no solo complementa su música, sino que también potencia su mensaje, lo que la ha ayudado a destacar en una industria muy competitiva.

Entiendo que bajar todo esto a tierra puede ser un poco complicado, así que, a continuación, te propongo varios ejercicios pensados para que puedas trabajar y mejorar la creación de contenido visual que genere impacto.

Ejercicio 1: Análisis del impacto

Este ejercicio te va a ayudar a entender mejor cómo funciona la estética de los vídeos y a identificar elementos visuales efectivos para captar la atención.

Selecciona tres vídeos de un artista o marca que te guste. Observa y anota los elementos visuales que te llaman más la atención; el uso que hacen de los colores, de las tipografías, el contraste, la luz o el movimiento de la cámara. Analiza profundamente todos los detalles: en qué momento del vídeo utilizan cada elemento, en qué frase hacen los cambios de plano o introducen nuevos componentes. Intenta encontrar patrones que sirvan para llamar la atención y que puedas replicar en tu propio contenido.

Ejercicio 2: Creación de un *moodboard*

Este ejercicio te va a ayudar a desarrollar la estética de tus contenidos para que tengan una coherencia visual que contribuya a potenciar el mensaje de tu marca.

Los *moodboards* o tableros visuales son la mejor herramienta para ordenar ideas y definir el concepto creativo con el que quieres trabajar. Puedes hacerlo de forma digital (utilizando Pinterest o Canva) o en papel si lo prefieres. Incluye colores, tipografías, imágenes llamativas y referencias que te sirvan de inspiración para tu marca.

Ejercicio 3: Desafío de creatividad

Podemos pasarnos muchas páginas hablando sobre la creación de contenido y la edición de vídeos, pero hasta que no te pongas delante de la cámara no vas a saber realmente de qué eres capaz. Al final, todo es cuestión de práctica y la única forma de mejorar es empezar a probar.

En este ejercicio te quiero proponer que cojas el *moodboard* que acabas de hacer y, utilizándolo como referencia, te animes a grabar un breve vídeo de treinta a sesenta segundos en el que uses algunos de los elementos llamativos que has seleccionado. También quiero que te animes a probar con los patrones y detalles que has analizado en el primer ejercicio, viendo cómo puedes llevarlos a tu terreno para obtener mejores resultados.

Ejercicio 4: *Storytelling* visual

El contenido visual que crees debe contar historias, debe comunicar sin palabras, debe ser capaz de transmitir emociones y sensaciones sin mencionarlas. Es la única forma de crear una conexión auténtica con tu audiencia, y para eso necesitas trabajar el *storytelling* visual.

En este ejercicio te propongo que escribas un guion para un vídeo corto que transmita tu propuesta de valor tan solo con imágenes. Puedes emplear imágenes de producto, hacer un vídeo propio o incluso montar un *collage* con distintas referencias, pero tienes que ser capaz de mostrar visualmente la esencia de lo que ofreces.

Ejercicio 5: Revisión de contenido

En el contenido que ya tienes publicado hay información muy importante que debes aprovechar. En tus vídeos e imágenes antiguas está la clave de lo que necesitas crear para provocar a tu audiencia.

Analiza antiguas publicaciones para identificar cuáles han generado una mayor respuesta entre tu público. Puede ser que haya una temática en concreto ante la que los usuarios se muestran altamente sensibles, una estética que les llama la atención sobre el resto o un tipo de contenido concreto con el que reaccionan en mayor medida. Cualquier información de tus publicaciones existentes y los comentarios que te han dejado sobre ellas te puede ayudar a entender mejor qué espera tu audiencia y cómo puedes impactarla positivamente.

Empodera a tu audiencia

La historia que hay detrás de tu contenido es igual de relevante o más que la parte visual, y es que de poco te sirve captar la atención de la gente en los primeros segundos si luego no eres capaz de retenerla, y eso solo lo vas a lograr con una buena historia.

La clave para provocar a tu audiencia, para hacerla sentir especial y para conectar con ella de una forma única a través de las historias es empoderarla. Eric Hoffer, en su libro *El verdadero creyente*, afirma: «Aquellos que transformarán una nación o el mundo no pueden hacerlo cultivando y capitaneando el descontento o coaccionando a las personas a un nuevo modo de vida. Deben encender una esperanza extravagante».

Esa «esperanza extravagante» significa prometer un futuro mejor. La perspectiva de un mañana lleno de ilusión y motivación es lo que va a encender la pasión en tu audiencia. Tus clientes quieren ser parte de algo más grande que ellos mismos. Quieren avanzar hacia un mañana más brillante, y es tu trabajo mostrarles que eso es posible.

Para ello te tienes que preguntar:

- ¿Cuál es el «futuro mejor» de tus seguidores?
- ¿Dónde quieren estar en los próximos meses?
- ¿Quiénes quieren ser en el futuro?

El éxito no es igual para todo el mundo, pero tu público objetivo sí que comparte la misma idea de lo que quiere conseguir para sentirse realizado. Esta visión compartida es su definición de éxito, y debes tenerla muy clara para crear tu estrategia.

No te centres en contarle a tu audiencia tu historia una y otra vez, como hacen muchos que parece que la llevan tatuada. Tus logros y tus fracasos le pueden interesar una vez, pero no quiere oírte hablar sobre ti mismo todo el rato. En lugar de eso, ayuda a las personas de tu audiencia a contar una nueva historia sobre ellas mismas, ayúdalas a empoderarse, y te recordarán siempre.

> Un ejemplo de marca que ha utilizado esta estrategia a la perfección es Nike, que no solo vende ropa y zapatillas de deporte, sino que ha construido una narrativa en torno al empoderamiento y la superación de límites personales. Su famosa campaña «Just Do It» no habla de la historia de Nike, sino que se centra en la historia de sus consumidores, motivándolos a superar obstáculos y alcanzar sus metas. La marca se ha convertido en sinónimo de resiliencia, determinación y éxito personal, y ha inspirado a sus clientes a ser la mejor versión de sí mismos y a perseguir un futuro más brillante.

> Nike ha captado a la perfección la idea de la «esperanza extravagante», al presentar un futuro donde cada persona puede alcanzar sus sueños, independientemente de las dificultades a las que se enfrente. Esta promesa de un mañana mejor conecta profundamente con su audiencia, haciendo que se sienta parte de algo más grande y que conecte con ellos desde un punto de vista emocional a un nivel que va más allá de la simple compra de un producto.

Otro ejemplo de campaña de empoderamiento es el «Porque tú lo vales» de L'Oréal. Esta frase no solo habla de la calidad del producto, sino que hace que la audiencia se sienta especial, al reconocer su valor personal. Es un ejemplo perfecto de cómo una frase sencilla puede fortalecer la conexión emocional con los consumidores.

«Porque tú lo vales» es una frase directa, empoderadora y emocional que apela a la autoestima y el amor propio. La esencia de este eslogan radica en su simplicidad y en su capacidad para conectar con una verdad universal: cada persona tiene un valor inherente. Este mensaje va más allá de vender un producto; se trata de afirmar que la persona que compra productos de L'Oréal lo está haciendo porque merece cuidarse, porque merece sentirse bien consigo misma y porque su valor es incuestionable.

Para responder a todas las preguntas que hemos visto en este apartado, puedes descargar el dosier de ejercicios en el siguiente enlace:

elenaguirao.com/bonus

Presenta datos sorprendentes

Los números llaman la atención, despiertan el interés de la gente y, sobre todo, hacen que una historia sea más fácil de recordar. Nos encanta conocer las cifras exactas de la información que vemos porque eso la dota de mayor veracidad y relevancia. Si, además, acompañamos esos datos de infografías o imágenes que los ilustran, el éxito está prácticamente asegurado, ya que la información visual los hace más fáciles de entender y, sobre todo, más impactantes a primera vista.

¿Por qué funcionan tan bien las campañas que prometen alcanzar una cifra concreta de facturación o de seguidores al mes? Los famosos ganchos del tipo «Gana veinte mil seguidores con mi curso» o «Empieza a facturar diez mil euros al mes» dan resultado porque muestran datos sorprendentes que llaman tu atención. Lo más ético sería decir que te van a ayudar a aumentar tus seguidores o tu facturación, pero eso es demasiado general y muy poco llamativo en comparación con el poder de atracción de las cifras.

> Un buen ejemplo de esta estrategia es la campaña de Duolingo: «15 minutos al día son todo lo que necesitas para aprender un nuevo idioma». Este mensaje no solo utiliza una cifra específica y pequeña, sino que también apela a una aspiración universal: aprender un idioma nuevo. Lo que lo hace tan efectivo es que elimina una de las principales barreras que tiene su audiencia: la falta de tiempo. En lugar de agobiar a sus usuarios con la idea de que aprender un idioma requiere horas de estudio intensivo, Duolingo reduce esa percepción y la reemplaza por una promesa alcanzable. Quince minutos al día no parecen tanto; suenan realistas, fáciles de integrar en la rutina diaria y, además, efectivos.

> Este enfoque demuestra cómo una cifra específica puede captar la atención, aliviar una preocupación común y motivar a la audiencia a dar el primer paso. Es un recordatorio de que las cifras pequeñas, bien presentadas, pueden ser tan impactantes como las grandes promesas.

Como ves, esta estrategia tiene el poder de convertir datos complejos en algo llamativo que tiene la capacidad de conectar emocionalmente con el público. Además, el hecho de presentar cifras concretas a través de material gráfico puede hacer que la información sea más fácil de compartir por los usuarios, ampliando así el impacto de nuestro mensaje.

Veamos tres formas de aplicar esta estrategia de datos sorprendentes en tu nicho:

1. **Información de actualidad:** Recopila datos relevantes para tu marca o sector que incluyan estadísticas sobre las tendencias, comportamiento de los usuarios o resultados de encuestas. Estos te pueden servir para luego mostrarlos como afirmaciones potentes que llamen la atención de los consumidores. Por ejemplo, el otro día en el cine vi un cartel que decía: «El 85 por ciento de los espectadores compran palomitas, el 100 por ciento se las comen». Esta frase, aunque sencilla, combina datos reales con un toque de humor para captar la atención. Además, está diseñada estratégicamente para influir en tu comportamiento: te recuerda que comprar palomitas es casi una tradición en el cine y, si lo haces, disfrutarás al máximo la experiencia.

2. **Datos históricos:** Recopila datos históricos de tu sector que muestren cómo han cambiado las tendencias o el comporta-

miento de los consumidores a lo largo del tiempo. Por ejemplo, si revisamos los datos de cuántos negocios tenían una web en 1990, veremos unas cifras tan bajas que prácticamente podemos decir que eran el 0 por ciento. En la actualidad la cifra de negocios con una web activa está en torno al 70 por ciento. Yo podría coger esa información para hacer una campaña que dijera: «¿Perteneces al 30 por ciento que todavía no tiene web? Sí es así, sigues viviendo en 1990. Pero no te preocupes porque tiene solución».

3. **Exponer problemas:** Selecciona un problema o bloqueo que sabes que preocupa a tu audiencia y reúne datos relevantes sobre ese tema. Por ejemplo, hay muchas personas que todavía dudan de la eficacia de Instagram para conseguir clientes, sienten que la aplicación no les aporta los resultados que debería y tienen un bloqueo a la hora de publicar. Para hacer frente a ese bloqueo, se podría hacer una campaña con los datos de uso de la aplicación que dijera: «Instagram tiene más de dos mil millones de usuarios activos al mes y el 70 por ciento de ellos la utiliza como inspiración para sus compras. ¿Todavía piensas que tus clientes no están ahí?».

Como ves, las campañas que muestran cifras concretas tienen un gran potencial como estrategia de contenidos, ya que consiguen captar la atención de la audiencia fácilmente haciéndolos reflexionar sobre problemas a los que pueden estar enfrentándose o impulsándolos a realizar una compra en un momento determinado.

Frases que resuenan fuerte

Como hemos comentado, dispones solo de ocho segundos para captar la atención de la gente, por eso la primera frase que dices o escribes en tus publicaciones en las redes sociales tiene más relevancia que nunca. Si ese primer impacto consigue conectar con tu audiencia, tendrás mucho ganado para alcanzar tus objetivos. Necesitas que esa primera afirmación, palabra o pregunta sea lo suficientemente potente como para hacer que se detengan en tu publicación y decidan seguir escuchándote.

Las palabras tienen el poder de captar la atención, generar emociones intensas y motivar a actuar. Sin embargo, para que surtan efecto y cumplan el objetivo que buscas, deben estar elegidas cuidadosamente, teniendo en cuenta tanto el mensaje que quieres transmitir como los valores de tu marca para que haya coherencia en tu discurso. Es muy importante encontrar el equilibrio perfecto entre ser provocativo y mantener un tono respetuoso y auténtico con el que tu público se sienta identificado.

Además, debes recordar que las frases pensadas para llamar la atención e invitar a realizar una acción cada vez están más quemadas porque nos hemos acostumbrado demasiado a ellas, y en muchos casos pueden llegar incluso a generar rechazo hacia la marca. Los clásicos «última oportunidad», «accede ahora» o «descuento exclusivo» se han utilizado tanto que resulta indispensable reformularlos para tener éxito. Por eso, hoy en día, la creatividad y la originalidad son imprescindibles en cualquier discurso que pretenda destacar sobre el resto.

Con esto presente, vamos a ver a continuación tres estrategias para crear frases que conecten de inmediato con tu audiencia, invitándola a realizar una acción concreta o a reflexionar sobre un tema que consideres relevante en tu comunicación de marca.

El poder de las preguntas

Las preguntas son una herramienta muy potente porque hacen reflexionar a la audiencia, la invitan a unirse a la conversación, la hacen protagonista y la tienen en cuenta en el discurso de marketing. Esto hace que los clientes se sientan conectados emocional e intelectualmente con la marca, estando mucho más predispuestos a realizar una acción, tanto de compra como de cualquier otro tipo.

Las preguntas funcionan bien porque la naturaleza humana siempre quiere respuestas y, con tal de conseguirlas, tu audiencia se parará a reflexionar el tiempo necesario. Además, el hecho de ser ellos los que formulan una afirmación o teoría como respuesta a tu pregunta les da una sensación de control sobre las decisiones que están tomando que los empodera a la hora de pasar a la acción. Con esta estrategia no eres tú directamente el que les dice que hagan algo, tan solo les planteas una pregunta cuya respuesta va a hacer que actúen. Pero la iniciativa va a salir de ellos, de forma que la venta se realiza de manera mucho más orgánica.

Por ejemplo, una pregunta como «¿Qué harías si te quedaran veinticuatro horas de vida?» despierta inmediatamente la curiosidad del lector. Es una pregunta abierta que invita a reflexionar sobre lo que realmente valoras en tu día a día, las cosas que quieres cambiar o mejorar y las metas que te gustaría alcanzar. Este tipo de preguntas no solo captan la atención, sino que también provocan una respuesta emocional que puede llevar a tu audiencia a profundizar más en el contenido o a interactuar con la marca.

> Hay muchísimas empresas que han utilizado esta estrategia en sus campañas de publicidad, pero sin duda una de las más memorables es la pregunta: «¿Te gusta conducir?», que lanzó BMW en su mítico anuncio de 2002. Con este sencillo eslogan

> BMW se metió en la mente de su público objetivo convenciéndolo de que conducir no es una necesidad, sino una pasión, algo que se hace porque gusta y se disfruta. La campaña tuvo tanto éxito que todavía hoy perdura en el ideario colectivo la creencia de que conducir es una cosa que se hace por disfrute y no por necesidad.

Por supuesto, no sirve cualquier pregunta para activar a tu audiencia. Por eso, a continuación, vamos a ver dos ejercicios que te ayudarán a encontrar fácilmente preguntas efectivas para destacar en tu nicho.

Ejercicio 1: Identificación de preguntas efectivas

En este primer ejercicio te propongo que tomes el trabajo que has realizado en la primera parte para definir tu propuesta de valor y escribas tres afirmaciones destacadas sobre tu producto o servicio.

Ahora quiero que transformes esas afirmaciones en preguntas que inviten a la reflexión. Por ejemplo, si la afirmación es «Este producto te ayudará a ahorrar tiempo», podrías formular la pregunta: «¿Qué harías con una hora libre cada día?». Este enfoque te permite conectar con los deseos de tu audiencia, invitándola a soñar con ese tiempo extra del que ahora no dispone y con el que podría hacer grandes cosas.

Ejercicio 2: Preguntas que despiertan curiosidad

En este segundo ejercicio quiero que recuerdes el trabajo previo que has hecho sobre tu cliente ideal, identificando sus miedos y aspiraciones. Con esa información presente, escribe cinco preguntas abiertas relacionadas con temas que sabes que le preocupan especialmente. Por ejemplo, si estás en el sector de la imagen personal, podrías preguntar: «¿Nunca sabes qué ponerte por las mañanas?». De esa forma, conectas con un problema que has detectado que tiene tu cliente ideal y lo preparas para la solución que puedes ofrecerle, que, obviamente, está en la respuesta a la pregunta.

> Si quieres trabajar los puntos que hemos visto en este apartado, puedes descargar el dosier de ejercicios en el siguiente enlace:
>
> **elenaguirao.com/bonus**

Afirmaciones rotundas

Una de las mejores estrategias que existen para provocar a tu audiencia es la de afirmar con rotundidad un hecho o característica que conoces bien. Este recurso es muy potente para captar la atención, ya que si la frase está bien formulada, tu cliente ideal se verá automáticamente identificado con lo que planteas y sentirá la necesidad de actuar al respecto.

La clave para que las afirmaciones rotundas funcionen bien es que sean directas y contundentes, sin rodeos ni posibles aclaraciones para suavizarlas. Simplemente comunica lo que quieres sin miedo y posiciónate en una línea de discurso que sea coherente con tus valores y con lo que tu marca representa.

Cuando utilizamos esta estrategia, a fin de cuentas, lo que estamos haciendo es desafiar las expectativas de la audiencia para mostrarle una alternativa a lo que hasta ahora creían que era la única opción. O puede que estemos reafirmando sus creencias, dándole voz a algo que llevan tiempo pensando pero que no se han atrevido a comentar en voz alta.

En cualquiera de los dos casos, si el mensaje está bien pensado, será muy bien recibido por ese 2 por ciento de la audiencia que te sigue y está dispuesto a comprarte. Pero es posible que si llega a otros usuarios, les genere sentimientos encontrados o, incluso, la necesidad de llevarte la contraria y de explicarte por qué no tienes razón. Es una posibilidad que no debe darte miedo porque ellos no son tu cliente ideal, porque el mensaje no está pensado para resonar con sus valores y porque siempre va a haber alguien que no esté de acuerdo contigo hagas lo que hagas.

Sin embargo, es importante que estas afirmaciones se basen en una verdad que puedas demostrar. Tanto si se trata de una característica de tu producto o servicio como si es un eslogan que vas a utilizar en tu comunicación, debe ser una información verificada para que la imagen de tu marca no se vea afectada negativamente.

Por ejemplo, una clínica de nutrición que quisiera promocionar sus servicios con esta estrategia podría afirmar lo siguiente: «Transforma tu relación con la comida y tu cuerpo en solo treinta días. Sin dietas imposibles, solo resultados reales». Esta afirmación no solo capta la atención de su público objetivo, sino que también lo deja con la duda de saber si realmente es así. Esto hace que seguramente quieran buscar más información sobre la dieta en cuestión o, incluso, leer testimonios que puedan confirmar lo que acaban de leer. Por eso, debes estar muy seguro de lo que vas a decir antes de lanzarte a utilizar esta estrategia, ya que si la afirmación se percibe como una exageración sin fundamento, la credibilidad de tu marca puede verse dañada seriamente.

> Una marca conocida por utilizar afirmaciones rotundas para captar la atención de los usuarios es Apple. En muchos de sus

lanzamientos ha empleado frases como «El smartphone más avanzado del mundo» para describir al iPhone. Esta declaración, además de ser tremendamente audaz, está pensada con la intención de posicionar a la marca como líder absoluta del mercado. Con este mensaje, Apple reafirma las creencias de sus clientes más fieles y provoca a sus detractores para que recopilen información sobre el último modelo y hagan una comparación con otras marcas. Este tipo de contenidos no deja de ser la mejor publicidad posible porque, a fin de cuentas, están hablando de ellos y explicando con detalle las características de su producto estrella, y todo ello de forma completamente gratuita.

Una afirmación rotunda puede ser tremendamente eficaz para generar conversación en torno a una marca, pero, como ves, es una estrategia que se debe utilizar con mucho cuidado. A continuación, te propongo un ejercicio para que puedas trabajar en la creación de afirmaciones rotundas que estén bien contrastadas y alineadas con los valores de tu marca:

1. Revisa las características que has trabajado en tu propuesta de valor y que hacen a tu producto o servicio único.

2. Escribe tres afirmaciones rotundas que puedan atraer la atención de tu audiencia. Asegúrate de que son claras y directas, sin dejar lugar a dudas. Siguiendo con el ejemplo de la clínica de nutrición, podrías decir: «La única dieta que necesitas para cambiar tu vida».

3. Vuelve a leer cada una de las tres afirmaciones y asegúrate de que estén basadas en una verdad que puedas demostrar fácilmente. No valen suposiciones o creencias no probadas.

4. Analiza la relevancia de cada afirmación para tu audiencia. Pregúntate: ¿hasta qué punto es importante esta afirmación para las necesidades o deseos de mi cliente ideal?

5. Por último, imagina las diferentes reacciones que esta afirmación podría provocar en tu audiencia, como entusiasmo o identificación, o incluso críticas.

6. Escribe respuestas preparadas para cada tipo de reacción. Por ejemplo, si alguien cuestiona la veracidad de tu afirmación, prepara una respuesta que ofrezca pruebas o datos adicionales.

Este ejercicio te ayudará a estar mejor preparado para manejar las diversas reacciones que pueden surgir al utilizar afirmaciones rotundas en tu marketing, asegurando que tu equipo pueda responder de manera efectiva y mantener la credibilidad de la marca.

Como ves, las afirmaciones rotundas, cuando se utilizan correctamente, pueden aumentar la visibilidad de la marca y también fortalecer su posicionamiento en el mercado al desafiar las percepciones y generar conversaciones significativas. Sin embargo, para que sean efectivas, deben estar siempre respaldadas por una oferta sólida que cumpla con las expectativas.

Llamadas a la acción convincentes

Invitar a tu audiencia a realizar una acción específica puede ser una estrategia potente si la planteas con originalidad e inteligencia. Atrás quedaron los días en los que bastaba con poner un formulario de suscripción o un simple botón con el texto «Accede ya» en tu web para conseguir buenos resultados. Hoy en día, si quieres convencer a tu público de que lo que ofreces merece la pena, tienes que ser mucho más persuasivo y creativo.

La efectividad de una llamada a la acción provocativa radica en su capacidad para crear urgencia y necesidad. Como vimos en la primera parte, tiene que estar diseñada para generar una respuesta emocional concreta en el usuario, haciéndole sentir que debe actuar de inmediato para no perder una oportunidad o retrasar una decisión importante.

Siguiendo con el mismo ejemplo de la clínica de nutrición que hemos visto antes, para aplicar esta estrategia se podría utilizar una frase como: «Tu yo del futuro te está esperando. ¿Qué vas a hacer hoy por él?». Ese tipo de mensaje es efectivo porque no solo transmite la importancia de actuar cuanto antes, sino que también apela a la responsabilidad del usuario, tocando una fibra sensible y haciendo que se sienta motivado a actuar de inmediato.

> Muchos servicios de suscripción conocidos, entre ellos Netflix, han utilizado esta estrategia para atraer a nuevos suscriptores empleando una llamada a la acción muy eficaz: «Suscríbete ahora, cancela en cualquier momento». Este ejemplo es perfecto porque combina simplicidad, urgencia y una promesa tranquilizadora. Saber que puedes darte de baja en cualquier momento sin tener que dar explicaciones es una garantía que te motiva a tomar la decisión de suscribirte más fácilmente. Lo mismo pasa con frases como «Envío gratuito en menos de 48 horas» o «Devolución gratuita con recogida en tu casa»; son datos que te tranquilizan y animan a terminar cuando te encuentras en los últimos pasos del proceso de compra.

A continuación, te propongo que pienses en tres llamadas a la acción diferentes para promocionar tu producto o servicio:

1. Escribe una frase de captación tradicional, como podría ser: «Suscríbete ahora».

2. Identifica una emoción clave que quieras despertar en tu audiencia: urgencia, entusiasmo, miedo a quedarse fuera.

3. Ahora transforma esa primera frase en un mensaje provocativo que incite a realizar una acción inmediata, como podría ser: «Empieza hoy tu nueva vida, no esperes más».

A pesar de conocer los beneficios de estas estrategias, es posible que te frustres cada vez que intentas realizar una campaña en torno a una llamada a la acción concreta porque, de repente, el alcance de tus publicaciones baja en picado. Es bastante normal que esto suceda. Es un reflejo instantáneo del rechazo que se despierta en nuestro cerebro cuando creemos que nos están vendiendo algo. Y es que, aunque intentemos provocar a la audiencia con frases atractivas, la gente está tan acostumbrada al marketing en redes que reaccionan a la defensiva automáticamente.

Cuando el alcance baja, nos enfadamos y echamos la culpa al algoritmo. Por eso nunca deberías empezar vendiendo de buenas a primeras, antes debes relajar a la audiencia y hacer que se sienta confiada. Y este es el principio en el que se basa lo que yo llamo «el efecto Kate Middleton».

Una de las publicaciones con más visualizaciones que he tenido nunca fue una historia con una fotografía de Kate Middleton el día de la coronación de Carlos III. Imagino que recuerdas la imagen porque dio la vuelta al mundo. Era una foto de actualidad, que le gustaba a la gente y que generaba comentarios. Vamos, que tenía todos los ingredientes para conseguir un buen alcance, y así fue.

La clave de la estrategia viene ahora, porque después de esta historia aproveché para subir otra promocionando mi *lead magnet* o campaña de captación de clientes. Como es obvio, esta segunda también tuvo muy buenos resultados porque se benefició del impulso de la primera. Sin embargo, si hubiera empezado directamente hablando del *lead magnet*, el alcance seguramente habría sido bajísimo.

Por eso, desde entonces, a este truco lo llamo el «efecto Kate Middleton» y lo intento replicar en cada campaña que incluye una llamada a la acción para impulsar las visualizaciones de forma orgánica. Te invito a que lo pruebes porque es realmente efectivo.

Adopta una actitud provocativa

La actitud lo es todo en esta vida, porque detrás de ella se esconden nuestras verdaderas intenciones, lo que de verdad somos y lo que estamos dispuestos a defender. En el ámbito del marketing y, sobre todo, cuando hablamos de estrategias provocativas, la actitud no es solo un complemento, es el pilar fundamental que sostiene cada acción. Si realmente quieres diseñar una estrategia provocativa para promocionar tus productos o servicios, tienes que adoptar la actitud adecuada para llevarla a cabo y asegurarte de que esta se encuentre alineada con la esencia de tu marca.

De nada sirve lanzar frases polémicas o crear contenido visualmente impactante si detrás de todo eso no existe una actitud coherente y honesta. Hoy en día, hay demasiadas marcas intentando ser quienes no son, copiando estrategias de la copia de la copia y usando disfraces que no les encajan. El problema de esto es que, aunque consigas algunos minutos de fama con un vídeo viral, si la actitud detrás de ese mensaje no es auténtica, la audiencia lo percibirá rápidamente. El público de hoy es mucho más crítico y tiene un radar muy afinado para detectar cuándo una marca está actuando de manera forzada o simplemente por seguir una moda. Si tu actitud no está alineada con tus valores y con lo que representas como marca, cualquier intento de provocar quedará vacío, e incluso puede volverse en tu contra, dañando la credibilidad y la confianza que tanto trabajo te ha costado construir.

Por eso es vital que creas en lo que estás haciendo. Las razones que explican tus acciones deben ser claras y tu postura, firme. No se trata de provocar por provocar, ni de generar controversia solo para captar la atención. La actitud provocativa debe ser una extensión natural de lo que la marca representa y de cómo quiere desafiar al mundo. Adopta una postura que no solo defienda tu mensaje, sino que también proyecte seguridad en lo que ofreces. El éxito de una estrategia provocativa radica en su autenticidad y en la capacidad de la marca para sostenerla con convicción.

La actitud de tu marca es algo que debe reflejarse en todo lo que haces: en tu tono de voz, en tu estilo visual, en la manera en que presentas tus productos o servicios y en cómo te relacionas con tu audiencia. No se trata simplemente de ser controvertido o llamativo por el hecho de serlo, sino de desafiar las expectativas de manera inteligente. Se trata de cuestionar las normas establecidas y de invitar a tu audiencia a ver las cosas desde una nueva perspectiva. La provocación no es un fin en sí misma, sino un medio para generar conversaciones relevantes, para hacer que las personas piensen de manera diferente y, sobre todo, para conectar con aquellos que comparten los mismos valores y visión que tú.

Por eso, cuando adoptes una actitud provocativa, hazlo con propósito y conciencia. Asegúrate de que todo lo que dices y haces sea coherente con tus valores fundamentales, y que la provocación esté al servicio de un mensaje más amplio, que conecte profundamente con tu audiencia. Si logras eso, no solo captarás la atención, sino que también construirás una relación más sólida y auténtica con quienes te siguen, porque sabrán que, detrás de cada provocación, hay una verdad que vale la pena escuchar y un compromiso que va más allá de una estrategia para conseguir un minuto de fama.

Desafiar el estatus existente

Si hablamos de actitud provocativa, la estrategia estrella por excelencia es la de desafiar el estatus existente adoptando una postura que cuestione o rechace las normas establecidas. Con esta acción las marcas tienen la oportunidad de cambiar las expectativas del mercado, ofrecer soluciones novedosas y modificar su posicionamiento dentro del sector. Pero es importante que tengas en cuenta que esta estrategia no puede ser un juego para ganar visibilidad; se trata más bien de un compromiso que adquieres con tu marca para defender unos valores e ideas muy concretos.

Siempre que una marca decide desafiar las normas existentes, está asumiendo un riesgo y debe pensar de antemano que habrá ciertos grupos de personas a los que sus ideas les generen rechazo; es normal que esto pase, pero hay que estar preparado para ello.

> En este punto tengo que volver a mencionar a Rosalía, de la que ya he hablado varias veces en este libro, para ponerla como ejemplo máximo de lo que significa desafiar el estatus existente con éxito. El flamenco es un género musical con siglos de historia, profundamente ligado a nuestra cultura y que tiene unas normas muy rígidas sobre su estilo y ejecución. Sin embargo, Rosalía rompió con todas esas convenciones, al mezclarlo con sonidos urbanos y modernos, creando una nueva versión que no habíamos visto hasta entonces. Como era de esperar, los puristas de este género la criticaron con dureza,

pero su disco *El mal querer* tuvo un éxito tremendo que la catapultó a la fama mundial.

Antes de ese trabajo, Rosalía ya había publicado un álbum de flamenco de gran calidad, pero mucho más tradicional y del que es posible que no hayas oído hablar. Esto inevitablemente nos lleva a las preguntas: ¿qué habría pasado si Rosalía no se hubiera atrevido a desafiar las normas de esa manera?, ¿habría alcanzado el mismo éxito con su música? Nunca lo sabremos con seguridad, pero lo más probable es que no. Se arriesgó con un género que no era tendencia en ese momento, con una fusión que con toda probabilidad sería controvertida, y ganó la partida. En eso consiste este juego.

A estas alturas del libro ya conoces a fondo a tu cliente ideal y lo que espera de ti, sabes cómo funciona la psicología de la provocación y has diseñado tu propuesta de valor. Todos esos elementos deberían servirte para analizar a fondo tu sector y entender de qué forma podrías desafiar las normas creando algo distinto. Obviamente, este no es un trabajo sencillo, no se nos ocurren ideas innovadoras y disruptivas solo por desearlo. Pero el simple hecho de que lo estés contemplando ya te pone en el camino de poder crear algo diferente en el futuro.

A veces, es una idea que tenemos delante de nuestras narices y que no somos capaces de ver por miedo o por costumbre. Y otras veces, es tan solo algo que se acaba dando como evolución del trabajo que ya hemos realizado. Lo que está claro es que no se puede forzar ni aparentar la provocación; para que funcione debe ser auténtica.

Empatía y comprensión

Mostrar comprensión y empatía hacia los problemas de tu audiencia, aunque te sorprenda, también se puede considerar una gran estrategia de provocación. Y es que cuando una marca demuestra que entiende los problemas de la gente, y que incluso los ha vivido ella misma, construye confianza y crea una fuerte conexión emocional.

Hace años que las *influencers* se dieron cuenta y, por eso, muchas dejaron de compartir esa vida perfecta, con la que la gente había dejado de identificarse, para empezar a contar sus miedos, traumas e inseguridades. Cada vez que alguien en las redes sociales te dice que lo está pasando fatal con la maternidad, las intolerancias alimentarias o la ruptura con su novio, de forma consciente o inconsciente, está utilizando esta estrategia.

Seamos realistas, nadie quiere contar sus miserias en las redes sociales, muchas veces ni siquiera te apetece hablar de ciertas cosas con tus amigas y, sin embargo, de un tiempo a esta parte todo el mundo expone sin tapujos «los viajes emocionales» que han vivido para llegar a crear su último producto o servicio.

Esta estrategia, bien llevada, tiene un potencial brutal, pero, como puedes imaginar, es compleja y muy delicada. Primero, porque existe el riesgo de aburrir a la gente con tus dramas, y segundo, porque si no se percibe como muy auténtica, va a despertar un gran rechazo en la audiencia. Piénsalo, no hay nada que cause peor imagen que unas lágrimas falsas.

Para que entiendas bien el gran poder de esta estrategia, tengo que volver a nombrarte a la reina indiscutible del marketing actual, Taylor Swift. Ella maneja como nadie el poder de las emociones, tanto es así que ha forjado su carrera escribiendo canciones de cada uno de sus novios y contando cada una de sus rupturas. Y es que Taylor Swift no se hizo famosa por su increíble voz y sus movimientos de baile o por revolucionar un género musical con una fusión novedosa, como veíamos antes. La estrella más grande del momento ha llegado a la cima gracias a la empatía y a la comprensión. Ha convertido en *hits* todas sus relaciones amorosas hasta la fecha y, con ello, ha conseguido conectar con sus fans de una forma tan profunda que estos sienten que la conocen y forman parte de su historia personal.

La clave para crear una estrategia basada en la empatía y la comprensión está en la autenticidad de lo que cuentes y en lo oportuno que sea hacerlo para promocionar tus productos o servicios. Por supuesto, aquí también influye mucho cómo quieres gestionar la exposición pública y la privacidad de tus asuntos personales.

Siendo sincera, tengo que reconocer que esta línea de provocación no es de mis favoritas, incluso en algunos casos me genera algo de rechazo, por lo que yo prefiero siempre optar por desafiar las normas o jugar con el humor y la irreverencia para generar impacto. Inclinarte por una opción o por otra no deja de ser una decisión personal, ya que todas conllevan riesgos y nadie sabe mejor que tú cómo va a gestionar la exposición en cada caso. Como he comentado varias veces a lo largo de este libro, cualquier opción que elijas debe estar alineada con tus valores de marca, y tienes que sentirte cómodo con ella para defenderla con éxito.

Humor e irreverencia

El humor es una herramienta superpotente para impactar a tu audiencia y una de mis estrategias de provocación preferidas. El humor nos permite hablar de temas controvertidos o delicados desde una perspectiva relajada y desenfadada, acercándonos a nuestro público de una forma que a este le parece mucho más orgánica y despreocupada que con las dos estrategias anteriores.

Posiblemente, de las tres actitudes para provocar que hemos visto, esta sea la más difícil de impostar, o se tiene o no se tiene, pero aquí no vale un punto intermedio. Porque el humor mal aplicado puede verse como soberbia, falta de respeto o incluso mala educación. Además, hay muchos tipos de humor, algunos más ingenuos y aptos para todos los públicos, como podría ser el caso de la serie *Friends*, y otros mucho más osados e irreverentes, como el de *The Office*. Por eso, lo primero que debes hacer antes de aplicar esta estrategia es saber en qué grupo se encuentra tu marca y evaluar si es una acción alineada con tus valores y lo que representan.

Lo cierto es que no todas las marcas se pueden permitir jugar con el humor y la irreverencia. Normalmente son las que tienen un público más joven y un posicionamiento de precios en un rango medio o bajo las que mejor aplican esta fórmula. Un buen ejemplo de esto es Ryanair, y es que la aerolínea de bajo coste ha sabido gestionar sus redes sociales con grandes dosis de humor, respondiendo a comentarios negativos de forma magistral.

> Ryanair ha convertido el humor en una parte fundamental de su estrategia de comunicación. La marca no se esconde cuando recibe críticas o comentarios negativos; en lugar de ignorarlos o responder de manera corporativa, adopta un enfoque humorístico e irreverente en sus mensajes. Con sarcasmo e ingenio, la marca ha sabido responder a las quejas sobre sus tarifas adicionales o la experiencia de vuelo, logrando transformar situaciones potencialmente problemáticas en oportunidades de interacción divertida con su audiencia.
>
> Esta estrategia no solo les ha permitido hacer frente a situaciones delicadas de forma despreocupada, sino que también les sirve como campaña de publicidad, ya que muchas de sus respuestas han acabado haciéndose virales por su

> ingenio y originalidad. Han conseguido darle la vuelta a una situación que podría haber sido muy negativa para la marca, convirtiéndola en una oportunidad para ganar visibilidad y exposición a gran escala. A fin de cuentas, todos sabemos que volar con Ryanair no es la mejor experiencia de usuario del mundo, ese no es el fuerte de la marca ni por lo que los clientes la eligen. Ellos lo saben y no pretenden ocultarlo, simplemente lo afrontan con humor, lo que hace que su estrategia de comunicación en este sentido sea brillante.

Como ves, se puede adoptar una actitud provocativa desde distintos enfoques. No hay uno mejor que otro, tan solo tienes que saber cuál es el más apropiado para tu marca y tu estilo de comunicación. Es posible que te sientas muy incómodo con alguno de los tres y tengas claro, desde ya, que ese no es tu camino; está bien reconocerlo desde el principio para trazar tu estrategia de forma inteligente. Lo fundamental es que sepas distinguir cuál de los tres es el que te hace sentir más cómodo de manera natural y, a partir de ahí, pienses en acciones alineadas con tu marca en las que puedas aplicarlo con autenticidad y coherencia.

RESUMEN DEL CAPÍTULO

✓ **Captar la atención en un mercado saturado:** La capacidad de atención de los usuarios es cada vez más reducida, por eso es clave priorizar contenido de calidad para impactar a tu cliente ideal.

✓ **Tipos de contenido provocativo:**

- **Visual impactante:** Usa escenarios, luz, vestuario y edición coherentes con tu marca para captar la atención de forma inmediata.

- **Historias que empoderan:** Prométele a tu audiencia un futuro mejor y conecta emocionalmente con ella.

- **Datos sorprendentes:** Presenta cifras específicas para despertar interés y reforzar tu mensaje.

- **Frases rotundas:** Preguntas, afirmaciones y llamadas a la acción creativas generan reflexión y acción.

✓ **Actitudes provocativas:**

- **Desafiar normas:** Rompe con lo establecido para destacar frente a la competencia.

- **Empatía:** Conecta mostrando comprensión auténtica hacia los problemas de tu audiencia.

- **Humor:** Utiliza el humor para mostrarte cercano y convertir críticas en oportunidades.

5
¿Hasta dónde quieres llegar? Los límites de la provocación

Es el momento de hacer una pausa para reflexionar y analizar hasta dónde estás dispuesto a llegar en tu estrategia de provocación. Como he comentado varias veces a lo largo de este libro, la provocación puede ser un arma de doble filo, ya que, bien ejecutada, es una gran herramienta para impactar a tu audiencia, pero si se aplica sin los límites adecuados, puede incluso ofender enormemente a buena parte de tu público y causar una crisis de reputación en tu marca.

Antes de poder establecer límites, es imprescindible comprender la situación actual de tu marca y cómo se relaciona con su audiencia. Para algunas marcas, la provocación puede surgir como algo natural en su estrategia y, sin embargo, para otras puede que sea necesario hacer un trabajo previo en la comunicación con el fin de preparar al público y que este no piense que ha habido un cambio de dirección demasiado brusco o forzado.

Además, a la hora de provocar, también debemos tener en cuenta los estándares éticos que nos rigen y pensar en la legalidad de cada una de nuestras acciones. Porque una crisis de reputación de marca es algo que nadie desea tener que afrontar, mucho menos cuando hay acciones legales implicadas.

Por eso, en este capítulo vamos a evaluar la tolerancia al riesgo de tu marca y a definir los límites que estás dispuesto a sobrepasar para llevar a cabo tu estrategia. Como es normal, el riesgo y la exposición no afectan igual a todo el mundo, por lo que es importante determinar hasta dónde quieres llegar con tus acciones y qué consecuencias estás dispuesto a asumir si fuera el caso.

Evalúa la tolerancia al riesgo de tu marca

Evaluar la tolerancia al riesgo de tu marca es un paso imprescindible en el desarrollo de tu estrategia de provocación. Como ya hemos comentado varias veces a lo largo del libro, tu marca tiene una identidad y unos valores únicos que deben reflejarse en todas sus acciones de comunicación. Por ello, es importante definir claramente hasta dónde estás dispuesto a llegar con la provocación, asegurándote de que con ella consigues reforzar la imagen de tu marca y en ningún momento la comprometes.

La identidad de tu marca es donde reside la esencia y el alma de todas las estrategias de comunicación. Es lo que define cómo quieres que el público te perciba, y eso incluye el tono de voz y los valores principales. Por ejemplo, una marca juvenil, disruptiva y rebelde puede permitirse ser irreverente y arriesgada en su mensaje porque sus consumidores esperan y aplauden ese comportamiento. Sin embargo, una marca seria y sofisticada debe tener mucho más cuidado con las actitudes provocativas, ya que pueden alejar a su audiencia.

> Benetton es un gran ejemplo de marca que ha optado por una estrategia de marketing provocativa, alineada con su identidad alegre y colorida, y también con valores clave como la

conciencia social y la inclusividad. Desde los años ochenta, Benetton ha utilizado campañas que abordan temas controvertidos como el racismo, la guerra y el VIH y el sida. Su serie de anuncios titulada «United Colors of Benetton» es conocida por presentar imágenes inclusivas impactantes que provocaron gran debate y reflexión.

Estas acciones indican que la marca está dispuesta a asumir riesgos significativos para transmitir un mensaje importante sobre la unidad y la diversidad. Esto demuestra que la tolerancia al riesgo de la marca es bastante elevada, sin embargo, este tipo de acciones tan arriesgadas no son apropiadas para todas las marcas. El enfoque de Benetton funciona porque está profundamente arraigado en sus valores y en la narrativa que han construido a lo largo de los años.

Por otro lado, IKEA es un ejemplo de marca que maneja sus acciones de marketing de forma mucho más moderada, alineándose con una identidad accesible y centrada en la vida cotidiana. Aunque la marca utiliza a menudo elementos como el humor o temas sociales en sus campañas, lo hace de forma que no se perciben como un desafío, sino como un mensaje amable y familiar.

En su campaña «Where Life Happens», IKEA creó una serie de anuncios en los que se trataban de forma sencilla, con gran habilidad y sensibilidad, asuntos sociales de actualidad: divorcio, adopción, familias monoparentales... En muchos mercados, estas temáticas no son especialmente provocativas, pero, en una marca que opera en un mercado muy amplio y global, podrían ser vistos como un pequeño desafío a las normas tradicionales. Este enfoque permite que IKEA pueda alinearse con valores de modernidad y diversidad sin correr

> riesgos innecesarios que podrían molestar a sus clientes más conservadores.

Para evaluar la tolerancia al riesgo de tu marca, lo primero que necesitas es saber qué temas controvertidos, sociales, de humor o de empatía estás dispuesto a abordar porque te preocupan y te interesan genuinamente. A partir de esa primera lista de ideas, puedes filtrar las temáticas que más van a mover y a provocar a tu audiencia (esto lo vimos en la primera parte del libro), porque una cosa son las cuestiones que a ti te motivan y otra las que preocupan a tu público.

Una vez tengas claras las temáticas en las que tu preocupación coincide con la de tu audiencia, puedes pasar a una segunda fase de testeo en la que, de forma muy sutil, plantees estas cuestiones a tu público para ver cómo responde ante ellas. Si ves que tienen buena acogida en un porcentaje mayoritario y recibes mensajes de apoyo a tu postura, ya sabes que tienes luz verde para subir el tono un poquito más o arriesgar siguiendo esa línea. Si, por el contrario, no recibes el apoyo deseado y las únicas reacciones son comentarios de gente molesta, en ese caso te toca recalibrar la estrategia y adoptar un enfoque diferente.

Como ya hemos comentado anteriormente, cuando se trata de provocar es normal que haya ciertos sectores que se molesten, de hecho, yo siempre digo que si tienes *haters* es porque lo estás haciendo bien. Pero una cosa es que haya un pequeño grupo de gente en desacuerdo con tu mensaje y otra muy diferente es molestar a todo el mundo; eso no debería pasar y es lo que has de intentar medir bien antes de lanzar cualquier campaña de provocación.

Establece tus propios límites

A lo largo de este libro hemos hablado mucho de tu audiencia, de tu nicho, de tu marca y de todos los factores externos que la rodean, pero ahora quiero que hablemos de ti. Porque ha llegado el momento de establecer límites, y eso solo puedes hacerlo tú, trazando las líneas que estás decidido a cruzar y las que no. Recuerda: tu marca, tus normas; solo tú decides.

Así que quiero que te plantees las siguientes preguntas:

- ¿Hasta dónde estás dispuesto a llegar para provocar a tu audiencia?
- ¿Cuáles son las líneas rojas que no te planteas cruzar en ningún momento?
- ¿Qué temas te hacen sentir incómodo y no te gusta tratar?

En mi caso, por ejemplo, no tengo ningún problema en incendiar las redes hablando de temas de actualidad polémicos, a veces utilizando el humor y otras veces de manera más clara y directa. Me siento cómoda con ese tipo de tono y esa línea de comunicación, y sé que si llegan comentarios negativos puedo manejarlos fácilmente. Sin embargo, no me gusta nada hablar de asuntos personales y uno de mis límites está justo en ese punto. Nunca he enseñado a mi hijo en las redes sociales, e intento mostrar lo menos posible de mi vida privada, porque es algo que me fastidia hacer.

Tampoco hablo nunca de religión ni política, es otra de las líneas rojas que no quiero pasar. Son temas demasiado complicados con los que estoy segura al cien por cien de que se va a molestar una buena cantidad de gente y que aportan muy poco a la comunicación de mi marca. En general, la estrategia de las grandes marcas respecto a estas dos cuestiones suele ser la de mantenerse al margen, ya que son demasiado polarizantes y complejas.

Obviamente, el tono y la delicadeza con la que se tratan ciertos temas también es clave en lo que estamos tratando. Porque una misma temática abordada desde ángulos diferentes puede dar resultados opuesto por completo. La provocación debe ser percibida como una invitación a la reflexión y al debate, nunca como una falta de respeto o una agresión.

Aparte de eso, por supuesto, siempre deberías tener en cuenta unos límites éticos y legales para no llevarte ninguna sorpresa en el futuro. Básicamente te diría que todo se reduce a no mentir, una norma que parece muy sencilla pero que muchas marcas se saltan sin ningún tipo de pudor ni vergüenza. Puedes resaltar características o detalles de tu oferta para hacerla más llamativa, pero nunca deberías prometer cosas que sabes que no vas a cumplir porque ahí es donde empiezan los problemas.

> Para responder a las preguntas que hemos visto en este apartado, puedes descargar el dosier de ejercicios en el siguiente enlace:
> **elenaguirao.com/bonus**

Diferencia entre provocación y ofensa

Independientemente de los límites propios que decidas establecer y de tus creencias personales respecto a temas conflictivos, hay una barrera que nunca deberías sobrepasar: la de la ofensa.

La línea que separa lo provocativo de lo ofensivo muchas veces puede ser delgada y confusa, pero es imprescindible no perderla de vista para asegurar el éxito de nuestra campaña. La provocación busca captar la atención de la audiencia, iniciar un debate o invitar a la reflexión; la ofensa, sin embargo, suele despertar rechazo e indignación, lo que daña enormemente la reputación de la marca.

> Un ejemplo de provocación mal gestionada que acabó derivando en ofensa es la campaña que Pepsi realizó en 2017 con Kendall Jenner. El anuncio mostraba a la modelo entre un grupo de manifestantes ofreciendo una lata de Pepsi a uno de los policías que los rodeaban; este gesto servía para resolver el conflicto y hacía que todos terminaran riendo felices.
>
> Imagino que la intención del equipo de marketing que ideó el anuncio era transmitir un mensaje de paz y unidad, pero el público no lo entendió así y la marca fue duramente criticada por trivializar con temas tan importantes como el movimiento Black Lives Matter. De hecho, fueron tales las críticas en las redes sociales que la marca acabó retirando el anuncio tan solo un día después de su publicación y se vio obligada a emitir un comunicado pidiendo disculpas por su error.

Este caso contrasta notablemente con la campaña que vimos antes de Nike y Colin Kaepernick, que trataba un tema similar y que obtuvo un gran éxito entre el público. ¿Por qué, entonces, unas campañas funcionan y otras no? ¿Cuál fue el tremendo error de Pepsi? En este caso, podemos decir que fallaron varios puntos importantes en la comunicación de la marca:

- **Valores de marca y autenticidad:** Para que la provocación sea efectiva debe estar alineada con los valores de marca y percibirse como algo auténtico y genuino. En este caso, ni Pepsi ni

Kendall Jenner son conocidos por su carácter activista y comprometido con la igualdad, lo que hizo que se percibiera como una acción falsa y tremendamente forzada, que es lo último que quieres cuando creas una campaña.

- **Estética inapropiada:** El anuncio está rodado con una luminosidad y una estética que hacen que la manifestación parezca una fiesta juvenil, con todo el mundo despreocupado y riendo feliz. Este enfoque otorgaba a la campaña un aire superficial que no encajaba para nada con la temática tan seria que pretendía tratar.

- **Mensaje vacío:** El hecho de que una Pepsi pudiera solucionar un conflicto grave de forma alegre y ligera hacía que el anuncio perdiera toda su fuerza, ya que le restaba gran peso al mensaje que quería transmitir. La intención era buena, pero el resultado acabó siendo poco convincente, entre otras cosas por la falta de un mensaje claro y potente que resonara fuerte entre el público.

Como ves, la ofensa no necesariamente se produce por utilizar insultos o expresiones inapropiadas, también puede darse por querer ser excesivamente correcto a la hora de tratar un tema controvertido. Y es que si vas a jugar a provocar a la audiencia, muchas veces es mejor arriesgar antes que quedarte en un terreno intermedio que no convence a nadie y que te puede causar muchos problemas.

Legalidad y ética

En las estrategias de marketing, sobre todo las que buscan la provocación, se ha normalizado desde hace mucho tiempo exagerar las características del producto y mostrar los beneficios de forma tan llamativa que parezca mucho mejor de lo que en realidad es. Estas son técnicas que utilizan constantemente las grandes marcas y que vemos a diario, por ejemplo, en los supermercados.

Pero, de nuevo, en este punto hay una delgada línea entre lo que se puede hacer y lo que no. En ningún caso puedes prometer resultados que no sabes seguro que vas a poder obtener porque, entonces, estarías engañando a la gente intencionadamente y poniendo en riesgo tu reputación. Eso es lo último que quieres conseguir.

Es fundamental que cualquier campaña de promoción cumpla las leyes aplicables y mantenga unos estándares éticos altos. Obviamente, esto incluye respetar los derechos de autor, evitar el uso indebido de marcas registradas y asegurarte de que las afirmaciones hechas son reales. El incumplimiento de estos puntos puede resultar en demandas, multas y daños a largo plazo para la reputación de la marca.

Muchas marcas han tenido problemas legales por utilizar afirmaciones o eslóganes que podían llevar a engaño. Una de las más polémicas y que mayor repercusión ha tenido a largo plazo fue la demanda colectiva que sufrió Danone en el año 2010. Seguramente conozcas su línea de yogures Activia (una de las más famosas de la marca), que, en su momento, fue publicitada como un producto que «ayudaba a regular el sistema digestivo», junto con otras afirmaciones más específicas que sugerían que:

- Aliviaba el estreñimiento en solo dos semanas.

- Ayudaba a «reforzar el sistema inmunológico» gracias a los probióticos que contenía.

Esto llevó a una investigación de la Comisión Federal de Comercio (FTC) de Estados Unidos y a varias demandas colectivas que alegaban lo siguiente:

1. **Falta de evidencia científica sólida:** Aunque Activia contenía probióticos, las pruebas científicas no respaldaban las afirmaciones de que el consumo del yogur regulaba el sistema digestivo de manera tan efectiva como lo sugería la campaña.

2. **Afirmaciones de salud engañosas:** La FTC y las demandas colectivas acusaron a Danone de hacer afirmaciones sobre la salud que no podían probarse. La empresa no tenía estudios suficientes y fiables que demostraran que los probióticos en Activia proporcionaban todos los beneficios que se anunciaban.

Finalmente, Danone aceptó resolver la demanda por publicidad engañosa, llegando a un acuerdo económico y modificando sus campañas de publicidad para cumplir con unos estándares establecidos. El acuerdo le prohibía hacer afirmaciones de salud específicas a menos que estuvieran respaldadas por estudios científicos sólidos. Por ejemplo, la marca ya no podía decir que Activia aliviaba el estreñimiento en dos semanas sin una clara evidencia detrás. También se le prohibió usar términos como «clínicamente probado», a menos que el producto hubiera pasado un riguroso control científico que lo avalara.

Este caso constituyó un importante precedente en la industria alimentaria, ya que, a partir de entonces, las empresas tuvieron que ser mucho más cuidadosas con las afirmaciones sobre beneficios de salud en sus campañas publicitarias. Tras los ajustes en su campaña de marketing, Danone continuó promocionando el producto, aunque con mensajes mucho más conservadores y evitando promesas exageradas sobre los beneficios que ofrecía.

Como conclusión de este capítulo, te diría que trates siempre a tu audiencia con honestidad y respeto. La gente no es tonta, y si los intentas engañar, al final, se dan cuenta. Además, ten muy presente siempre que el boca a boca en positivo funciona muy bien, pero en negativo es infinitamente más rápido y letal.

A mí me gusta pensar siempre que mis clientes son personas inteligentes que saben lo que quieren y les hablo como tales. Lo cierto es que diría muy poco de ti y de tu negocio que trataras a tu clientela como si fueran tontos, porque querría decir que aspiras a trabajar con gente así, y ese no debería ser nunca tu objetivo. Te dejo con esa reflexión final para que tengas muy en cuenta que la provocación nunca debe llevar a engaño.

RESUMEN DEL CAPÍTULO

✓ **Evalúa riesgos:** Testea mensajes para medir la reacción de tu audiencia antes de intensificar el tono y mantente siempre alineado con tus valores de marca.

✓ **Establece límites:** Define hasta dónde quieres llegar y qué temas vas a evitar. Asegúrate de prometer solo lo que puedas cumplir.

✓ **Provocación versus ofensa:** Busca captar atención y hacer reflexionar a la gente evitando caer en la ofensa, ya que eso puede generar rechazo y dañar tu reputación.

✓ **Legalidad y ética:** Cumple las leyes, respeta los derechos y no hagas afirmaciones engañosas. Recuerda que la honestidad es clave en la relación con tu audiencia.

6
Perfecciona tu técnica: prueba, experimenta y repite

Llegados a este punto, ya debes tener más que claro cuál es tu estilo de provocación y desde qué lugar lo vas a comunicar. Conoces tu nicho y sus preocupaciones y los beneficios únicos de tu producto o servicio. Con todo eso a tu alcance, ha llegado el momento de perfeccionar tu técnica, de probar tu estrategia para poder medir resultados y seguir mejorando con el tiempo.

Vivimos un momento en el que todos lo queremos todo para ayer. Esperamos que cualquier acción nos dé resultados inmediatos y buscamos la viralidad en las redes sociales como sea. Teniendo en cuenta eso, es posible que lo que te voy a decir a continuación te sorprenda: vas a necesitar más de un intento para hacerlo bien. No pasa nada si a la primera no consigues lo que querías, no pienses que es trabajo en vano y utilízalo para analizar qué ha fallado en tu estrategia y cómo puedes mejorarlo.

El análisis, la prueba y la experimentación son necesarios para afinar tu estrategia y conseguir articular tu mensaje de forma natural y orgánica. De hecho, aunque lograras triunfar a lo grande con tu primera campaña, también te diría que analizaras bien los datos para comprender exactamente qué factores han influido en que hayas obtenido ese resultado.

Lo más difícil de emprender no es empezar, ni tampoco crear una campaña espectacular que se haga viral, lo más complicado es mantenerse, es seguir siendo relevante después de un tiempo, es no caer en el olvido después de un gran éxito. Y eso solo lo vas a conseguir midiendo, analizando y experimentando constantemente. Una campaña que hoy funciona muy bien dentro de seis meses puede no hacerlo, y la clave para triunfar con tu estrategia está en entender por qué.

Si cada vez que una campaña no va como tú quieres, lo desmontas todo y vuelves a empezar de cero, estás desperdiciando tiempo y dinero que podrías ahorrarte con un buen análisis. Muchas veces la diferencia entre un gran éxito y un tremendo fracaso está en pequeños detalles que solo salen a la luz tras un estudio intensivo de los datos de nuestra campaña.

Por eso en este capítulo veremos en profundidad cómo analizar los aciertos y errores de tus campañas, cómo experimentar sin miedo con los nuevos canales y cómo seguir creciendo después de obtener los primeros éxitos.

Aprendizaje continuo de aciertos y errores

Hay dos cosas que definen muy claramente a las personas que consiguen lo que se proponen: la capacidad de adaptarse a los cambios y la tolerancia al fracaso. He visto demasiado a menudo proyectos con un gran potencial condenados a desaparecer desde el minuto uno por la poca predisposición a aceptar cambios por parte del equipo y la necesidad de hacerlo todo bien sin margen de error en el proceso.

Como he dicho antes, es normal equivocarse, todos lo hacemos y no tiene nada de malo. Pretender acertar siempre a la primera es poco realista y marca unas expectativas muy difíciles de alcanzar que suelen acabar en frustración. Además, gran parte del crecimiento personal y de un negocio viene de los errores, porque cuando nos equivocamos es cuando más aprendemos y aceptamos el cambio.

Mi primer lanzamiento fue un auténtico fracaso, y no te pienses que estoy exagerando para hacerlo más interesante; hablando claro: no vendí nada de nada. El segundo, sin embargo, fue un gran éxito, y entre ambos solo pasaron seis meses. ¿Qué cambió en ese tiempo? En realidad, no mucho; no aumenté mi base de datos ni mi número de seguidores, tampoco realicé ninguna colaboración ni reposicionamiento en la imagen de la marca. Fue el primer fracaso el que me hizo entender que el producto no estaba bien diseñado para mi cliente ideal y que la estrategia pensada no había conseguido despertar el interés de la gente.

Con esa primera experiencia conseguí crear un producto que sí respondía a las necesidades de mis clientes y diseñé una campaña de promoción, basada en el humor y la irreverencia, que consiguió conectar con la gente y despertar su curiosidad. Si no me hubiera equivocado la primera vez, dudo que el segundo lanzamiento hubiera logrado tan buenos resultados, así que no tengas miedo a los errores porque de ellos se aprende.

¿Recuerdas la historia del Apple Lisa que vimos en la primera parte del libro? Pues ese no es el único gran fracaso de Apple. Años más tarde lanzaron el Apple Newton, un asistente digital personal que pretendía revolucionar el mercado y que, sin embargo, fue un auténtico batacazo. De nuevo, sus principales problemas eran un alto precio, un *software* poco intuitivo y, sobre todo, un sistema de reconocimiento de escritura defectuoso que generó gran frustración entre los usuarios.

Este fracaso fue un golpe importante para Apple, que en ese momento no era el líder del mercado que conocemos hoy. Sin embargo, en lugar de abandonar y darse por rendidos, utilizaron las lecciones aprendidas para cambiar su enfoque hacia la tecnología móvil. Descubrieron que la tecnología debía ser más intuitiva, asequible y, sobre todo, fiable para los usuarios.

Este aprendizaje se reflejó claramente en el desarrollo del iPhone que se lanzó en 2007 con un enfoque centrado en la simplicidad del diseño y la experiencia del usuario. Apple empleó, por primera vez, una interfaz de pantalla táctil innovadora que eliminaba la necesidad de utilizar un lápiz (uno de los principales fallos del Newton), y además combinaba múltiples funciones (teléfono, reproductor de música y navegador de internet) en un solo dispositivo, cambiando por completo lo que los consumidores esperaban de un teléfono móvil.

El éxito del iPhone ya lo conoces: impulsó a Apple a una nueva etapa de crecimiento y liderazgo total del mercado que no habría sido posible sin los errores cometidos en lanzamientos anteriores.

No tengas miedo a probar, a equivocarte y a probar otra vez, ya que es la única manera de validar tus ideas y de aprender para seguir creciendo con tu negocio. No te rindas en el primer fracaso, ni pienses que el producto o servicio que has diseñado no merece la pena, escucha a tu audiencia y analiza qué cambios puedes hacer para mejorarlo. Esto último es algo que deberías hacer incluso si tus campañas funcionan bien para no quedarte estancado y seguir evolucionando.

Experimentación con nuevos canales

No tengas miedo a experimentar con nuevos formatos y canales de comunicación, ya que, bien manejados, esconden grandes oportunidades. No es ningún secreto que los primeros en atreverse a probar una nueva red social son los que más posibilidades tienen de establecerse en ella como autoridad. Intentar destacar en medios y formatos que ya están saturados de contenido es mucho más difícil que posicionarse como referente en un nuevo canal de comunicación.

Esto lo hemos visto recientemente con el auge de TikTok y del formato pódcast. En ambos casos, los primeros en atreverse a crear contenido en estas nuevas plataformas son los que mayores recompensas han obtenido. Puede que pienses que ahora mismo es muy difícil destacar en Instagram o en TikTok y que ya todo el mundo tiene un pódcast, es cierto, pero siempre surgen oportunidades y hay que estar alerta para saber detectarlas.

También hay que estar preparado para innovar en sectores en los que la publicidad y la creación de contenido siempre se han realizado siguiendo una misma estrategia. En este caso, el mejor ejemplo que podemos ver es Nude Project, una marca española de ropa que ha conseguido darse a conocer gracias a su pódcast de entrevistas.

> En un sector tan saturado como es el de la moda, en el que compiten los mayores gigantes del marketing y la publicidad, es muy difícil hacerse hueco con una simple estrategia de publicidad. En sus inicios, Nude Project lanzó una campaña de colaboración con varios *influencers* destacados y obtuvo un gran reconocimiento, pero, sin duda, lo que marcó la diferencia y los terminó de impulsar en el mercado fue la creación de su propio pódcast.
>
> Este enfoque era completamente novedoso para una marca de ropa, más aún si tenemos en cuenta que en ninguna de sus entrevistas se habla de la marca como tal ni de temas relacionados con la industria de la moda. En el pódcast han tenido invitados muy variados con los que han hablado de cuestiones como la creatividad, el emprendimiento, la cultura juvenil y el estilo de vida. Con este formato han conseguido atraer al público objetivo de la marca y posicionarse como

referentes en un sector con una gran competencia en el que solo establecerse ya resulta muy difícil.

Gracias al pódcast, la marca ha podido profundizar en asuntos que nunca podrían haberse tratado a través de una campaña de marketing tradicional. Además, el pódcast ha permitido a los fundadores mostrarse espontáneos y accesibles, humanizando la firma y acercándola a su público objetivo. Esto demuestra el gran conocimiento que tenían de su audiencia antes de crear el pódcast y preparar los contenidos que iban a tratar en las entrevistas. Su estrategia funcionó bien y era la adecuada, ya que estaba dirigida a un público joven que consume el formato pódcast y que está interesado en escuchar conversaciones con distintos puntos de vista sobre temáticas actuales.

Cada canal de comunicación tiene sus ventajas e inconvenientes, pero la clave para decidirte por uno o por otro está en el público objetivo de tu marca. Y es que deberías tener muy claro dónde se encuentra tu cliente e ir a buscarlo a esas plataformas que utiliza más a menudo y en las que se siente más cómodo. De nada te sirve crear un pódcast para promocionar tu marca si tu público no consume ese formato. La clave está en entender qué canal es el más adecuado para tu estrategia y, basándote en eso, empezar a crear contenido acorde a las necesidades de tu audiencia.

No te acomodes en los buenos resultados

Es igual de malo frustrarse en exceso con los fracasos que acomodarse y relajarse tras los éxitos. Por eso, tu estrategia debe estar siempre en constante crecimiento y experimentación, para que puedas seguir mejorando a cada paso que das. Es normal que, después de un lanzamiento, quieras descansar y bajar la presión en la comunicación de la marca, pero una cosa es eso y otra, de repente, abandonar la estrategia de provocación para adoptar una postura más conservadora y relajada.

Esto es algo que veo demasiado a menudo en las estrategias de comunicación de marcas pequeñas. Hacen un gran esfuerzo por llamar la atención creando campañas provocativas y cuando empiezan a tener buenos resultados, bajan el tono y adoptan un perfil más neutro. Si algo he repetido muchas veces a lo largo de este libro, es que la provocación nunca debe ser forzada, debe ser una acción alineada con los valores de tu marca y lo que quieres defender.

Sin embargo, cuando veo estos movimientos de «repliegue» en marcas que se han hecho conocidas por provocar, empiezo a sentir que me han engañado un poquito, que solo querían llamar la atención para venderme y que todo ese discurso de indignación solo era una pose. Esto pasa demasiado a menudo, y las citadas marcas bajan tan rápido como subieron porque acaban decepcionando a la gente, haciéndoles sentir que no han sido del todo honestos con su mensaje.

Desde las primeras páginas de este libro nos hemos enfocado en crear una estrategia sostenible a largo plazo, porque no quiero que tengas un éxito de una sola vez o que tu marca no cumpla lo que promete. Quiero que construyas una comunidad fiel en torno a tu marca que esté pendiente de cada lanzamiento, de cada novedad, de cada anuncio porque conectan con tu mensaje y porque tienes las herramientas necesarias para mantener despierta su atención y su interés en lo que ofreces.

Por eso no te debes relajar cuando lleguen los buenos resultados, y debes seguir aplicando la misma estrategia que te ha llevado hasta allí. Analizando, puliendo y mejorando a cada paso, pero sin abandonar tu esencia ni hacer cambios drásticos en la comunicación. Es normal que una marca evolucione con el transcurso del tiempo, que crezca y ofrezca nuevos productos o servicios, pero si te fijas en todas las grandes marcas que hemos ido estudiando a lo largo del libro, verás que hay un denominador común que siempre se mantiene: los valores de marca nunca cambian porque ahí es donde está tu esencia y tu punto de anclaje con tu audiencia.

RESUMEN DEL CAPÍTULO

- ✓ **Aprende de tus errores y aciertos:** Los fracasos son oportunidades para ajustar tu estrategia. Analiza qué funciona y qué no en cada campaña haciendo los cambios necesarios para crecer.

- ✓ **Explora nuevos canales:** Atrévete con formatos y plataformas emergentes que se alineen con tu audiencia. Elige los medios más adecuados para conectar con tu público objetivo.

- ✓ **No te relajes con el éxito:** Mantén con constancia tus valores y la energía que te llevó al éxito inicial. Ajusta y mejora tu estrategia sin perder tu esencia ni descuidar a tu comunidad.

TERCERA PARTE
La provocación expansiva

Llegados a este punto, ya debes tener claro a quién vas a provocar y qué método vas a utilizar para conseguirlo. Hemos sentado las bases de tu estrategia y definido los límites de la provocación, pero todavía falta lo más importante, porque provocar no es igual que persuadir. Y es que el verdadero poder de la provocación está en su capacidad para generar conversación, para multiplicar su impacto y para conectar con el público de una forma genuina y auténtica.

Aquí es donde entra en juego la provocación expansiva. En esta tercera parte vamos a transformar la provocación en persuasión, vamos a ver cómo mantener el interés de la audiencia de forma constante, generando confianza y credibilidad. Porque provocar de manera inteligente no solo trata de conseguir captar la atención de tu público una vez, sino de crear una relación a largo plazo con tu audiencia que evoluciona y se fortalece con el tiempo.

Primero veremos cómo puedes convertir la provocación en persuasión. Provocar es el primer paso de la estrategia, pero mantener a tu audiencia interesada en lo que ofreces y convertir a tus clientes en embajadores de tu marca requiere captar su atención, pero también persuadirlos con un propósito muy concreto.

Como vimos en la primera parte, provocar sin un objetivo claro puede crear ruido en torno a tu marca, pero eso no significa que puedas transformar ese interés inicial en buenos resultados. El verdadero éxito de tu estrategia está en conseguir que tu audiencia confíe en ti, que te elijan antes que a la competencia y que compartan tu mensaje con otras personas. Debes tener muy en cuenta que provocar no es el fin, es el medio para llamar la atención de tu público, para luego persuadir y guiar a esas personas hacia una acción concreta.

Por eso es muy importante que sepas construir una relación de confianza con tu audiencia y que tu mensaje pueda evolucionar a medida que creces sin perder la esencia inicial de tu marca y su propósito. Vamos a convertir la provocación inicial en un vínculo emocional y racional con tu audiencia, porque, al final, provocar puede abrir la puerta, pero es la persuasión la que invita a entrar y quedarse.

El siguiente paso que vamos a ver consiste en lograr que se genere conversación en torno a tu marca. Y la clave para lograr esto no está en forzar el diálogo, sino en ofrecer algo que sea lo suficientemente interesante y relevante como para que la gente quiera hablar de ello. ¿Qué es lo que hace que las personas hablen y compartan ideas? No es solo lo original y novedoso lo que genera conversación, también lo que les hace sentir especiales y les invita a formar parte de una historia más grande que ellos. Una estrategia de provocación bien diseñada no solo lanza una idea llamativa al aire, sino que planta la semilla para crear un movimiento alrededor de la marca.

Es aquí donde la provocación se vuelve expansiva. Al dar a tu audiencia motivos para hablar de ti, le estás otorgando un papel activo en la difusión de tu mensaje de forma que ellos se convierten en tus embajadores cada vez que te recomiendan: es la magia del boca a boca.

Finalmente, en el último capítulo de esta parte veremos cómo puedes seguir provocando desde una posición de autoridad. Porque a medida que tu mensaje crece y tu influencia se hace mayor, no puedes quedarte solo en la provocación inicial. Debes evolucionar tu estrategia, manteniendo el diálogo con tu audiencia, pero desde un lugar de liderazgo.

Cuando provocas con autoridad estás ofreciendo un punto de vista interesante o novedoso, pero además te estás posicionando como una referencia en tu sector. Tu audiencia ya no solo te escucha, te sigue. Y con ello viene una gran responsabilidad: continuar provocando con propósito, continuar educando, liderando y ofreciendo valor de manera consistente.

Provocar con autoridad implica que tu voz se vuelva una guía. Las personas esperarán de ti no solo ideas novedosas, sino también respuestas, dirección y claridad en medio de todo el ruido. Y eso es lo que te permitirá expandir tu mensaje aún más, transformando tu marca en una voz de influencia dentro de tu nicho.

Quiero que esta última parte del libro sea asimismo una invitación a pensar en grande. Lo que empezó como un acto valiente para captar la atención puede convertirse en algo mucho más poderoso: una estrategia que multiplica tu impacto y te convierte en referente. Estás a punto de descubrir cómo tu provocación inicial puede generar una ola de confianza, conversación y liderazgo. Este es el momento en el que pasas de ser alguien que llama la atención puntualmente a ser alguien que lidera un cambio, una conversación, un movimiento.

Porque la verdadera provocación es disruptiva y expansiva. Es un mensaje que no se queda en la superficie, sino que cala profundamente y se multiplica en cada interacción, en cada conversación, en cada nueva persona que se une a tu comunidad. ¿Estás listo para llevar tu provocación al siguiente nivel?

7
De la provocación a la persuasión

Una vez que has captado la atención de tu audiencia, llega la hora de la verdad, el momento decisivo en el que tienes que transformar esa visibilidad en un interés genuino que lleve a la acción. Provocar para destacar entre todo el ruido es solo el primer paso, mantener y canalizar esa primera conexión hacia el resultado deseado requiere un conocimiento profundo de las necesidades y motivaciones de tus clientes. Aquí es donde la transición de la provocación a la persuasión se convierte en un punto crucial de tu estrategia.

La clave para conseguirlo está en conectar emocionalmente con tu audiencia, comprendiendo lo que de verdad les importa y cómo tu producto o servicio puede resolver sus problemas o satisfacer sus necesidades. Una vez que has establecido esa conexión emocional, puedes empezar a persuadirlos para realizar una acción, ya sea efectuar una compra, compartir contenido o suscribirse a tu *newsletter*.

Ahora es cuando entra en juego la famosa frase de Jeffrey Gitomer «A la gente no le gusta que le vendan, le gusta comprar». Esta afirmación refleja perfectamente el funcionamiento del mercado actual, con consumidores cansados de que los persigan para venderles, que quieren tomar decisiones de compra de manera autónoma, basándose en su propia investigación y en experiencias auténticas, en lugar de ser presionados con tácticas de venta tradicionales que tienen aborrecidas. Esto hace que cada vez sea más importante generar confianza y lealtad entre los usuarios, porque solo si confían en ti, y creen en ti, acabarán comprando.

La persuasión no tiene nada que ver con presionar a la gente a comprar con técnicas como la escasez o la insistencia extrema. Todo lo contrario, el broche final de tu estrategia está más ligado a la conexión y a las historias que al engaño y la manipulación. Los consumidores prefieren sentirse libres en sus decisiones de compra y motivados por la historia y los valores de las marcas con las que más identificados se sienten.

En este punto se vuelve especialmente relevante la macrohistoria de marca que vimos en la primera parte del libro, el propósito que mueve todas tus acciones y que debe conectar de forma profunda con tu público. De ahí surgirán las microhistorias que te ayudarán a crear el contenido del día a día de la marca con el que conseguirás ganarte la confianza y la fidelidad de la gente a largo plazo.

Persuadir no implica manipular o engañar a tu audiencia para que compre algo que no necesita, o al menos, esa es mi visión. Sé que hay estrategias de marketing centradas en «venderle lo que sea a quien sea», pero esa no es mi forma de trabajar y, desde luego, no es el objetivo de este libro.

Hay muchas personas que realmente necesitan lo que tienes que ofrecer y que están interesadas de manera genuina en adquirir tus productos o servicios. Llegados a este punto de la estrategia, lo que tienes que hacer es mostrarle a ese segmento de tu público el valor real de lo que haces y los beneficios que pueden obtener para que ellos mismos tomen la decisión de compra de forma consciente.

Mantén el interés de la audiencia

Mantener el interés de la audiencia después del primer impacto no es una tarea sencilla. Por eso, como ya hemos visto con anterioridad, cada campaña debe estar cuidadosamente diseñada para atraer a un nicho específico hacia tu marca. Pero ¿qué pasa cuando consigues captar la atención de ese público? ¿Cómo la conviertes en algo más? Un vídeo o una frase provocativos te pueden aportar una enorme visibilidad, pero cuando la gente llega hasta ti debe encontrar una respuesta coherente con el contenido que les ha impactado en un primer lugar porque si no, toda la estrategia se viene abajo.

Este momento es crucial, pues en este punto es donde vamos a convertir las emociones que hemos buscado provocar en algo más. Aquí es donde la consistencia y la calidad del contenido y de la imagen de marca juegan un papel fundamental. Porque para que un cliente potencial decida que necesita tus productos o servicios, primero debe sentir que ha encontrado exactamente lo que estaba buscando, que tu marca es perfecta para él, que tu historia le hace sentirse especial, diferente, único. Y eso solo lo vas a conseguir siendo constante y coherente con el mensaje que estás lanzando.

El contenido que sigue al gancho inicial debe profundizar en los temas de interés de tu audiencia, ofreciendo soluciones reales a las situaciones planteadas y mostrando lo mejor posible cómo tu producto o servicio puede aliviar los problemas o frustraciones de tu clientela. El mensaje no debe decaer después del primer impacto, al contrario, debe evolucionar y ofrecer más valor, creando así una conexión especial entre el cliente y la marca.

Puedes tener el producto más maravilloso del mercado, atraer al público que buscas con tu estrategia de provocación y, aun así, no conseguir transmitirles el valor real de lo que ofreces porque la narrativa no es la adecuada, porque el mensaje se queda corto y no conecta con ellos lo suficiente. Para que entiendas mejor lo que intento decirte, vamos a ver el ejemplo de Apple, la reina por excelencia de los lanzamientos y la comunicación estratégica de marca.

> Cuando Apple lanza un nuevo iPhone, despierta un gran interés entre su público y, lo que es más importante, genera muy rápidamente la necesidad de adquirirlo de forma inmediata. Esto no lo consigue con un simple anuncio en el que hay una frase llamativa o ingeniosa, ni tampoco enumerando todas las características del nuevo modelo para que te parezca increíble.
>
> Durante años, Apple ha perfeccionado el arte de mantener a los consumidores interesados en lo que tienen que ofrecer, y lo ha hecho con una mezcla de secretismo, innovación y expectación en eventos cuidadosamente pensados para despertar el interés de la gente. Sus estrategias de lanzamiento siempre siguen un mismo patrón que repite los siguientes pasos:
>
> 1. **Fase previa al lanzamiento:** Empiezan a aparecer rumores y especulaciones sobre las nuevas características del iPhone en distintos medios y canales de comunicación. Surgen «filtraciones» con las novedades que podría incluir el nuevo dispositivo y teorías sobre la fecha de lanzamiento y el posible precio. En paralelo, Apple lanza pequeños vídeos y campañas de marketing que no revelan mucho, pero que ayudan a mantener el interés y el misterio.
>
> 2. **Evento de lanzamiento oficial:** Con una producción y una estética cuidadosamente pensadas, Apple presenta el nuevo modelo de iPhone destacando algunas de las características clave, pero sin revelar todos los detalles.

> La escenografía, la iluminación y todo lo que rodea a la presentación están estudiados al milímetro para generar expectación y dejar a los asistentes con ganas de saber más.
>
> 3. **Después del lanzamiento:** Una vez realizado el evento, Apple emite comunicados de prensa oficiales y aporta toda la información completa. Ahora ya sí detallando el precio y la fecha en la que saldrá a la venta, además de todas las características del nuevo modelo.
>
> 4. **Fase de *reviews* y comentarios:** Después de cada nuevo lanzamiento, los fans de la marca empiezan a crear gran cantidad de vídeos y artículos, analizando el nuevo modelo e incluso comparándolo con otras versiones anteriores del iPhone. Esto no deja de ser publicidad gratuita para la compañía, que ha conseguido que sus propios clientes sean los mejores embajadores de marca posibles.

Como ves, Apple ha creado una estrategia de lanzamientos perfectamente diseñada para mantener el interés de su público en torno a posibles novedades y actualizaciones. Además, gracias a la calidad de sus productos, y a su diferenciación como marca innovadora y creativa, han conseguido tener la comunidad más fiel del mercado tecnológico. Piénsalo bien, los fans de Apple no solo compran el iPhone, también tienen el iPad, el MacBook, el iWatch y todos los complementos que los acompañan. Este, sin duda, es el mayor éxito de la compañía, porque además de ser capaz de mantener el interés de la audiencia, retiene a los clientes de forma excepcional.

Fomenta la confianza

Si no confían en ti, nunca te van a comprar, es así de fácil. Puedes impresionar, asombrar y deslumbrar a tu audiencia, pero si no se fía de ti es imposible que conecte contigo y con tu mensaje. Desafortunadamente, muchas marcas, grandes y pequeñas, se han encargado de que cada vez cueste más ganarse la confianza de la gente.

En un mercado donde los consumidores son bombardeados sin parar con información, con mensajes publicitarios llenos de promesas vacías, la confianza se convierte en el principal valor entre una marca que tan solo destaca y otra que realmente genera impacto y lealtad.

Sin confianza, incluso el mensaje más persuasivo pierde su efecto, ya que la gente cada vez es más cautelosa y tiende a desconfiar automáticamente de las estrategias de venta agresivas que los presionan en exceso para que realicen una acción.

Construir una relación de confianza con tu audiencia no es algo que vayas a conseguir con un vídeo viral ni con una frase llamativa. Es un proceso que lleva tiempo y que implica constancia, autenticidad, transparencia y, sobre todo, un gran conocimiento de las necesidades y valores de tu público objetivo.

Este trabajo supone un esfuerzo que no todo el mundo está dispuesto a hacer, pero que es imprescindible para el crecimiento de una marca a largo plazo y para lograr posicionarse como referente en un sector.

La importancia de la coherencia

Uno de los pilares fundamentales para generar confianza es la coherencia. Un aspecto que las grandes marcas trabajan muy bien y que, sin embargo, los emprendedores, movidos muchas veces por tendencias o impulsos, tienden a descuidar.

Una marca que cambia constantemente su tono, su mensaje o su posicionamiento genera confusión y desconfianza en la mente del consumidor. La coherencia no solo hace referencia al contenido del mensaje, sino también a los valores y principios que sustentan las acciones de la marca.

En este sentido, a menudo vemos giros demasiado bruscos en la comunicación de una marca o incluso un nuevo posicionamiento de valores que se percibe como forzado y poco natural porque no ha tenido una progresión visible. Es normal que las marcas cambien y evolucionen con el paso del tiempo, de hecho, es incluso recomendable, pero siempre debe hacerse de forma natural y orgánica para no perder la confianza de los consumidores.

> El mejor ejemplo que te puedo dar de coherencia en *branding* es el de Coca-Cola. La marca tiene muy claro que su mensaje central gira en torno a la felicidad y ha mantenido una coherencia impecable en su comunicación a lo largo de los años. Desde los anuncios icónicos de los años setenta hasta las campañas más recientes, la marca ha sabido adaptar su comunicación a los tiempos modernos, pero siempre manteniendo la esencia que la caracteriza.
>
> Este enfoque ha permitido a Coca-Cola no solo ser una de las marcas más reconocidas del mundo, sino también una de las que más confianza genera. Los consumidores saben lo que pueden esperar de ella, lo que genera gran seguridad y lealtad. Independientemente de dónde te encuentres, el mensaje y la experiencia que ofrece la marca son los mismos, y eso es imprescindible cuando trabajamos la confianza de nuestros clientes.

Estas son algunas buenas prácticas que deberías tener en cuenta para ser consistente con tu marca:

- **Mantén un tono y un mensaje coherente:** Asegúrate de que todas las piezas de comunicación mantienen un tono uniforme, siempre con el mismo estilo y enfoque. Ten presente tu macrohistoria de marca y el propósito central que la mueve cuando vayas a crear pequeñas piezas de contenido para que todo esté relacionado.

- **Refuerza tus valores de marca:** Haz que tus valores estén presentes en todo lo que hagas. Si te proponen una colaboración que nada tiene que ver con lo que defiendes o te invitan a un evento que no encaja con tu visión, no digas que sí por compromiso. Piensa en la imagen de tu marca y en el mensaje que lanzas a tu audiencia cada vez que realizas una acción, por pequeña que sea.

- **Evita cambios bruscos:** Si quieres hacer ajustes en tu estrategia, que sea siempre de manera gradual para no confundir a tu audiencia. Es importante que hagas los cambios de forma pausada y que los acompañes de una explicación que te ayude a conectar con tu audiencia y a hacerle entender el porqué de esa nueva visión.

Muchas veces las marcas sienten la necesidad de hacer un gran cambio en su estrategia, para mostrar rápidamente las novedades que tienen preparadas, y eso puede ser contraproducente a largo plazo. Y es que si la comunicación no se maneja bien, puede dar la sensación de que no hay coherencia en el mensaje o de que los valores varían según las tendencias del mercado, y eso puede hacer que se pierda la confianza de la gente.

Transparencia y claridad

No hay nada que genere más desconfianza que descubrir que alguien te ha mentido, aunque sea en un pequeño detalle. A menudo, las marcas intentan aparentar cosas que no son porque creen que así conseguirán más reputación o mejores resultados en sus campañas de promoción, y el efecto suele ser el opuesto.

La realidad es que ahora mismo cualquiera puede verificar una información con una simple búsqueda en las redes sociales o consultando a otros clientes. Las marcas ya no pueden esconderse detrás de estrategias opacas o promesas ambiguas. Ser transparente significa ser honesto y directo con tu audiencia, incluso cuando las cosas no salen según lo previsto. Los consumidores valoran la honestidad, y cuando una marca es transparente, se gana el respeto y la confianza de su público.

Mostrar la realidad de la marca y tratar los problemas que pueda haber de forma clara y directa te ayudará a crear una conexión emocional con tu audiencia, que en muchos casos empatizará con tu situación y se sentirá identificada con tu proceso. Además, la honestidad en torno a los métodos de producción y de trabajo refuerza la imagen de la marca y afianza la lealtad de los consumidores.

Estas son algunas buenas prácticas que deberías tener en cuenta para ser transparente con tu marca:

- **Admite los errores:** No tengas miedo de reconocer cuándo algo sale mal o no funciona como habías previsto. De nada sirve pretender que todo va bien y que tienes un éxito enorme con cada una de tus iniciativas si no es cierto. A veces es mejor mostrar la realidad de las cosas, incluso cuando te equivocas, porque eso te hace más auténtico y puede ayudarte a fortalecer la relación con tus clientes.

- **Comparte información relevante:** Muestra el proceso de fabricación de tus productos o cómo trabajas con los consumidores que contratan tus servicios. Cuenta con detalle qué estás haciendo para crecer y mejorar en el futuro.

- **Muéstrate accesible:** Facilita canales mediante los cuales la gente pueda contactar contigo para resolver dudas y responde siempre de manera sincera. De nada te sirve provocar para llamar la atención si cuando la consigues no respondes a las personas que están interesadas en lo que ofreces.

Como ves, la naturalidad y la claridad en la comunicación son dos factores que te van a ayudar a conectar con la gente con mayor facilidad, haciendo que te vean como una marca honesta en la que se puede confiar.

La base de la lealtad

El sueño de cualquier marca que quiere afianzarse en el mercado es conseguir una comunidad de clientes fieles, que no solo compran todos sus productos, sino que también la recomiendan siempre que pueden.

Cuando los consumidores sienten que una marca realmente los entiende y les ofrece algo único en el mercado, es más probable que acaben repitiendo la compra e, incluso, se la recomienden a otras personas. La confianza impulsa la lealtad, y la lealtad es la clave de cualquier negocio que quiera tener éxito a largo plazo.

La lealtad de los clientes es uno de los activos más valiosos para las empresas, porque no solo garantiza ingresos recurrentes, sino que también amplifica su mensaje a través de las recomendaciones orgánicas, que son más eficaces que cualquier campaña de publicidad que puedas ingeniar. Obviamente, este tipo de compromiso solo se puede conseguir trabajando la confianza primero.

Fomentar la confianza, como ya hemos visto, requiere coherencia, transparencia y empatía. No es un camino rápido, pero es el único posible si quieres que tu marca perdure en el tiempo. Porque, cuando las personas confían en ti, no solo compran lo que vendes, sino que se convierten en parte de tu comunidad.

Estas son algunas buenas prácticas que deberías tener en cuenta para fomentar la lealtad hacia tu marca:

- **Cumple tus promesas:** Tanto si vendes productos como si ofreces servicios, es fundamental que el cliente reciba exactamente lo que espera, o incluso más. Esto no solo incluye la calidad del producto en sí, sino también otros aspectos como el servicio de atención al cliente, los tiempos de entrega o cualquier detalle que hayas comunicado en tu estrategia de marketing. Cumplir con consistencia tus promesas demuestra integridad y envía un mensaje claro: se puede confiar en ti. Cuando los clientes saben que pueden contar contigo, están más dispuestos a volver y, lo más importante, a recomendarte a otras personas.

- **Escucha activamente a tus clientes:** La confianza y la lealtad se construyen cuando los consumidores sienten que son valorados, que sus opiniones importan y que la marca está dispuesta a adaptarse a sus necesidades. Esto significa ir más allá de tan solo ofrecer un buen producto, se trata de crear un diálogo abierto con tu audiencia.

- **Crea experiencias memorables:** Las marcas que logran una comunidad de clientes fieles suelen destacar por crear experiencias memorables en cada punto de contacto con el cliente.

Desde la primera interacción hasta el servicio posventa, cada paso debe ser pensado para reforzar la relación con el consumidor. Una experiencia positiva y coherente en todas las plataformas (tienda física y online, redes sociales) fomenta en gran medida la repetición de compra.

Cuando construyes confianza, no solo estás aumentando la efectividad de tu estrategia de persuasión, estás construyendo una relación duradera. Una vez que los consumidores confían en tu marca, es más probable que vuelvan a comprar, que hablen de ti con otros y que se conviertan en defensores leales de tu producto o servicio. La confianza impulsa la lealtad, y la lealtad es el motor de cualquier negocio exitoso a largo plazo.

RESUMEN DEL CAPÍTULO

✓ **De la atención a la acción:** La provocación atrae, pero persuadir requiere conectar emocionalmente y generar confianza.

✓ **Mantén el interés:** El contenido debe evolucionar tras captar la atención inicial, mostrando valor real y soluciones relevantes para tu audiencia.

✓ **Gana confianza:** La confianza es esencial para la venta. La coherencia y la transparencia fortalecen la relación a largo plazo con tu público.

✓ **Fomenta la lealtad:** Los clientes contentos repiten y te recomiendan. Escucha sus necesidades, adapta tu oferta y crea experiencias memorables.

8
Haz que hablen de ti para expandir tu mensaje

Para arrancar este capítulo, tengo que mencionar la mítica frase de Oscar Wilde que dice: «Hay solamente una cosa en el mundo peor que que hablen de ti, y es que no hablen de ti».

Como hemos visto en el capítulo anterior, la magia de verdad surge cuando hablan de ti y te recomiendan, ese es el momento en que tu estrategia empieza a dar verdaderos resultados gracias al efecto bola de nieve. Provocas con tu estrategia, captas la atención del público adecuado, te compran, te recomiendan y la bola de nieve cada vez se hace más grande y, con ella, va creciendo tu negocio.

Como es lógico, para que esto pase, tienes que ofrecer un producto o servicio de calidad, con el que cumplas de sobra las expectativas de tus clientes. Pero, además de eso, necesitas implementar estrategias que fomenten la fidelidad y el boca a boca. Porque un cliente puede estar muy contento con tu producto o servicio, pero si no tiene ocasión o facilidades para recomendarte, no va a hacerlo por mucho que quiera.

Depende de ti movilizar a tu audiencia para que hable de ti y expanda tu mensaje. Eres tú quien debe trazar una estrategia pensada para impulsar el boca a boca. Y es que muchas veces ponemos todo nuestro esfuerzo y dedicación en las campañas para captar nuevos clientes y nos olvidamos por completo de crear otras para fidelizar a los que ya tenemos y animarlos a compartir su experiencia.

Las recomendaciones personales tienen bastante más peso que cualquier campaña publicitaria, ya que solemos fiarnos mucho más de lo que nos dice alguien conocido que de lo que vemos en un anuncio o publicación en las redes sociales. Por eso, para lograr un crecimiento orgánico y sostenido de tu marca a largo plazo, es imprescindible que utilices el inmenso poder del boca a boca.

En este capítulo veremos por qué es fundamental conseguir que tu marca sea tema de conversación y cómo puedes lograr que las recomendaciones fluyan a tu favor. No se trata de esperar a que la gente hable de ti por casualidad, sino de crear las condiciones necesarias para que esas conversaciones sucedan de manera natural y orgánica. A continuación, estudiaremos algunas de las estrategias más efectivas para que tu marca no solo capte la atención inicial, sino que también impulse a los consumidores a compartir sus experiencias y expandir tu mensaje.

La importancia del boca a boca

El boca a boca ha sido siempre una de las herramientas más importantes en marketing, actuando como un medio de difusión auténtico y fiable entre los consumidores. Ahora, gracias a las redes sociales y a las nuevas dinámicas digitales, se ha vuelto aún más relevante, ya que las opiniones y experiencias compartidas son cada vez más decisivas en el proceso de compra.

Pero no siempre es fácil conseguir que nuestros clientes nos recomienden o nos dejen una buena reseña, por muy contentos que estén. La realidad es que muchas veces se olvidan, se lían con otras cosas y dejan pasar el tiempo hasta que ya es demasiado tarde. En este caso presionarlos no es una buena táctica, pues puedes estropear la buena impresión causada precisamente por ser demasiado insistente en este tema. Pero, entonces, ¿qué puedes hacer para incentivar a la gente a hablar de ti y recomendarte?

> Un gran ejemplo de marca que ha sabido aprovechar la dinámica de las recomendaciones en las redes sociales a su favor es Zara. Es increíble cómo, sin recurrir jamás a colaboraciones con *influencers* ni publicidad pagada, ha conseguido que sus colecciones inunden las redes con cada novedad que sacan al mercado. Este fenómeno se debe en gran medida a la estrategia de la marca de lanzar nuevas colecciones con mucha frecuencia, creando una sensación de exclusividad y urgencia que impulsa a la gente a compartir sus descubrimientos y compras en las redes sociales.
>
> Zara ha entendido perfectamente las motivaciones por las que las personas comparten contenido en las redes sociales. Una de las razones clave es la necesidad de conectar con otros y ser vistos como un referente en moda y tendencias. Otro motivo, sin duda, es la facilidad que tiene cualquier publicación que menciona a Zara de hacerse viral (con Apple pasa lo mismo). Esto es un *quid pro quo* para los creadores de contenido que le están haciendo publicidad gratis a la marca y, al mismo tiempo, se están aprovechando de su nombre para conseguir visibilidad ellos mismos.

Seguramente ahora estarás pensando que tú no eres Zara y que conseguir que la gente comparta tu contenido o tus productos de forma desinteresada no es tan fácil. Llevas razón, no es sencillo, pero se puede conseguir.

Las siguientes estrategias te ayudarían a lograrlo:

- **Crea una experiencia memorable:** Para que la gente hable de ti, es fundamental que tu marca ofrezca algo más allá de lo esperado. Esto significa que no solo debes vender un buen producto o servicio, sino crear una experiencia que sea digna de ser compartida. Esto puede ir desde un *packaging* sorprendente y creativo hasta una atención al cliente excepcional o una experiencia de compra diferente.

- **Facilita el proceso de compartir:** Es importante que hagas el proceso de compartir lo más sencillo posible. Si bien la satisfacción del cliente es el primer paso para que la gente hable de ti, también debes asegurarte de que tienen las herramientas y facilidades para hacerlo. Por ejemplo, si vas a pedirles un testimonio, hazlo en un formato que no les suponga mucho esfuerzo y con el proceso más simple que puedas.

- **Ofrece un incentivo sutil:** A veces, aunque el cliente esté contento con tu producto, necesita un pequeño empujón para dedicar tiempo a dejar una reseña o recomendarte. En este sentido, ofrecer incentivos puede ser una gran estrategia, siempre que se haga de forma sutil y auténtica. No se trata de sobornar a tus clientes, sino de ofrecerles algo a cambio de su participación.

Como ves, conseguir que la gente hable de tu marca no ocurre de la noche a la mañana, pero, con experiencias memorables, facilidades para compartir y un incentivo atractivo, puedes aumentar tus posibilidades de ser recomendado y generar ese valioso boca a boca. Aunque no seas Zara, hay muchas formas de activar esta herramienta, adaptándola a tu realidad y a tu audiencia.

Estrategias para generar conversación

Es bueno que hablen de ti, eso ya lo sabes, pero si no controlas la narrativa y te quedas esperando a que pase de forma natural, estás abandonando tu estrategia al azar o al destino (lo que prefieras). Y después de todos los esfuerzos que has hecho para provocar a tu audiencia, te aseguro que no quieres dejar esta parte tan importante en manos de la suerte.

Veo demasiado a menudo que emprendedores y pequeñas marcas ponen mucho empeño en crear contenido llamativo para conseguir hacerse virales y llegar a un público más amplio y, sin embargo, olvidan por completo las estrategias que vamos a ver en este capítulo para conseguir generar una conversación interesante en torno a su marca.

Y es que, cuando las personas hablan genuinamente de tu marca, te vuelves relevante no solo para ellas, sino también para quienes las rodean. Hay muchas formas de conseguir que hablen de ti controlando el mensaje que quieres lanzar, y entre ellas están las colaboraciones, la creación de experiencias y el buen uso de las redes sociales. Cualquiera de estas opciones te puede ayudar a conseguir más visibilidad para tu marca, pero lo más importante es que lo harás enfocando la atención en la dirección correcta porque eres tú quien controla los temas de los que van a hablar.

Una de las mejores tácticas para conseguir que hablen de ti son las colaboraciones estratégicas. Y no me refiero a las conocidas «colaboraciones con *influencers*», que muy pocas veces funcionan bien para los emprendedores, sino a colaboraciones reales con compañeros de tu sector o referentes de otros nichos con los que puedas asociarte para realizar campañas puntuales.

Otra estrategia que funciona muy bien a la hora de generar conversación es la organización de eventos presenciales. Es una acción de marketing que lleva mucho trabajo y esfuerzo detrás, pero que siempre merece la pena porque los resultados son muy positivos. No hace falta tener un gran presupuesto para organizar un buen evento y que todo el mundo hable de ti en los días siguientes.

Por último, no podían faltar las redes sociales como grandes aliadas para fomentar la participación y el intercambio orgánico. Y es que hay muchas formas de conseguir que tu público se involucre activamente con la marca a través de retos o desafíos online en los que pueden compartir sus experiencias con otros usuarios.

Estas estrategias, aunque por separado pueden dar impulso, no funcionan aisladas. La idea no es que te centres en una sola opción, sino que combines las tres para elevar tu marca y amplificar tu mensaje.

Colaboraciones estratégicas

Cuando hablamos de colaboraciones, enseguida a todos nos vienen los *influencers* a la cabeza, pero en este caso yo no me refiero a eso. Para expandir tu mensaje y crecer con tu marca no debes pagarle a un *influencer* que no te conoce de nada y que te va a recomendar con desgana a un público que no necesariamente está interesado en lo que ofreces.

En lugar de eso, lo que tienes que hacer es forjar alianzas con otros profesionales de tu sector o de nichos similares, con los que puedas crear campañas y acciones en común. Te aseguro que va a ser una de las mejores inversiones que vas a realizar para el crecimiento de tu negocio a largo plazo.

Mostrándote junto a personas que tienen valores afines a los tuyos y que comparten tu visión del mercado, no solo estás afianzando la imagen de tu marca como referente, sino que la estás expandiendo a nuevas audiencias y segmentos.

Y aquí te voy a poner mi propio ejemplo para ilustrar mejor lo que intento contarte. Durante muchos años trabajé sola, me movía en el entorno digital sin socios ni contactos, pensando que no eran en absoluto necesarios para mi negocio. De hecho, estaba orgullosa de esa soledad porque pensaba que, como buena mujer independiente, valiente y empoderada, yo sola me servía y me bastaba. Qué equivocada estaba.

Hace un par de años se me ocurrió escribirle a una clienta con la que tenía mucha confianza, Annie (ahora es una gran amiga), para proponerle hacer un *mastermind* con otras compañeras emprendedoras. Por probar no pierdo nada, pensé, lo que no sabía era que iba a ganar tanto. Sin ir más lejos, seguramente no estaría escribiendo este libro si no hubiera sido por aquella idea loca.

De ese *mastermind* surgió una conexión especial entre las mujeres que lo formábamos, que derivó en una buena amistad, y de ahí surgieron nuevos proyectos e ideas emprendedoras que nos impulsaron a todas a crecer y nos abrieron nuevos horizontes. Porque cuando creas alianzas con otras compañeras, sus éxitos se convierten también en los tuyos, y cuando una crece contagia de esa energía a las demás.

Nada de esto habría pasado si hubiera seguido trabajando sola sin colaboraciones ni alianzas. Pero es importante tener en cuenta, también, que la clave del éxito para que esta estrategia funcione radica en la autenticidad y en la conexión genuina que hay detrás. No puedes engañar a la audiencia pretendiendo simular una sinergia que no existe realmente o que está forzada para conseguir visibilidad.

Busca personas que sean afines a tu marca en los valores que quieren transmitir y en la forma que tienen de hacer las cosas y proponles una colaboración que sea beneficiosa para ambas partes. Si tu propuesta solo tiene beneficios para ti, claramente no es una alianza equilibrada y la otra parte puede pensar que te estás intentando aprovechar de ella.

Hay muchas formas de buscar posibles colaboradores para tu estrategia, y aunque puede que no todas las propuestas terminen de encajar bien, es un proceso que merece la pena emprender. Veamos algunas acciones que podrías llevar a cabo:

- **Contacta con antiguos clientes:** En tu lista de clientes vas a encontrar personas afines a tus valores y a tu forma de trabajar, por eso te contrataron en primer lugar. Entre ellos seguro que hay algunos perfiles con los que te has sentido especialmente conectado o que crees que te pueden complementar bien; escríbeles y proponles una colaboración, es una buena forma de empezar.

- **Asiste a eventos presenciales:** Por mucho que todos amemos las redes sociales, en persona las cosas se ven de otra manera y las conexiones que surgen son más fuertes. Está claro que no todos los eventos son idóneos para hacer contactos, así que busca los que estén más alineados con tus valores y tu estilo para que te sea más fácil encontrar personas afines a ti.

- **Entrevista a otros emprendedores:** Una de las mejores decisiones que he tomado como emprendedora fue la de crear un pódcast de entrevistas. Gracias a ese formato he conocido a mucha gente y he conectado con otros emprendedores con los que no habría conseguido hablar de otra manera. Esto te puede servir para ampliar tu círculo y descubrir nuevas historias con las que sentirte identificado.

Como ves, no hay solo un camino para buscar alianzas y colaboraciones, hay muchas formas de hacerlo; lo importante es que sea genuino y auténtico. Si la relación es forzada o motivada únicamente por el interés, te aseguro que se percibirá desde fuera y no conseguirás lo que estás buscando. Hazlo de verdad o no lo hagas.

Experiencias y eventos presenciales

Los eventos presenciales ofrecen algo que las estrategias tradicionales no tienen: una conexión auténtica y directa con tu audiencia, a la que brindan experiencias y despiertan sentimientos que son muy difíciles de replicar en el entorno digital.

Cuando hablamos de experiencias presenciales, automáticamente podemos pensar en eventos multitudinarios con un gran escenario y mucho público. No es el caso del que quiero hablarte ahora. Más adelante veremos los eventos y conferencias presenciales enfocados a una gran audiencia, pero ahora quiero que nos centremos en experiencias únicas y exclusivas para tus clientes.

No hace falta crear un evento supermultitudinario para que hablen de ti o te perciban como una autoridad. De hecho, las experiencias en grupos reducidos se perciben como más exclusivas y de mucho más valor, ya que los asistentes tienen acceso directo a ti durante toda la jornada, algo que cuando hay mucho público es difícil de conseguir.

Un gran ejemplo de este tipo de acciones son los eventos privados, exclusivos para presentar una novedad a los clientes más fieles o cerrar una formación con todos los alumnos presentes en una jornada intensiva. Lo que marca la diferencia en estos eventos es el valor que aportas a los asistentes y la creatividad con la que diseñas toda la experiencia. Los detalles, el ambiente y la forma en la que interactúas con tu público son las piezas clave que hacen que esa experiencia sea inolvidable.

Los asistentes deben sentir que están viviendo una ocasión especial, algo que no podrían experimentar en otro lugar. El quid está en generar una conexión emocional real que los motive a compartir su experiencia con otras personas, ya sea a través de publicaciones en las redes sociales o de recomendaciones directas a amigos y conocidos.

Un detalle esencial que debes tener en cuenta para maximizar el impacto de tu evento es la creación de contenido para las redes sociales. Seguramente tú estarás demasiado ocupado atendiendo a los invitados como para acordarte de grabar vídeos o hacer fotos, por lo que es importante que tengas muy en cuenta este aspecto y te asegures de contar con alguien encargado de toda la parte audiovisual del evento. Cuanto más fácil sea compartir los momentos vividos ese día, más se hablará de tu marca después del evento.

En definitiva, los eventos exclusivos para clientes son una gran estrategia para fidelizar a tu público y generar conversación en torno a tu marca. Es verdad que requieren de gran esfuerzo y planificación, pero merecen la pena por todos los beneficios que aportan, que no son solo comerciales sino también de un gran valor emocional y personal.

Utiliza el poder de las redes sociales

Deja de pensar que el algoritmo es tu enemigo y empieza a utilizar las redes sociales como la herramienta poderosa que son. Esto no quiere decir que publiques todos los días ni que te dejes la vida creando contenido gratuito para tus seguidores. La clave nunca ha estado ahí.

El gran poder de las redes sociales reside en lo rápido que se puede propagar una idea o un mensaje de manera orgánica gracias al apoyo de tu audiencia. Pero, claro, para que esto pase, primero debes tener una comunidad fiel a tu marca, si no, es imposible. Por eso, antes de aplicar esta estrategia, tienes que trabajar la lealtad tal y como vimos en el capítulo anterior. Sé que no es sencillo crear un movimiento en torno a tu marca, muchos lo han intentado sin obtener buenos resultados, pero te garantizo que probarlo merece la pena porque si consigues sacarlo adelante, tendrás el éxito asegurado.

La estrategia que vamos a ver a continuación es una de las mejores que se han diseñado nunca en las redes sociales. Es posible que el nombre de Kayla Itsines no te diga nada o puede que seas fan de ella (como yo) desde hace años.

Kayla Itsines es una emprendedora australiana que fue pionera en el sector del fitness online. Su andadura en las redes sociales arrancó en 2012, cuando empezó a compartir fotos y vídeos de sus entrenamientos. En aquella época vendía un ebook en PDF que contenía su famoso «Bikini Body Guide» (BBG); nada de clases en directo, ni de aplicaciones para hacer ejercicio, tan solo un ebook.

La clave de su estrategia estuvo en pedirles a sus clientas que subieran fotos del antes y el después del proceso. Así como lo oyes, fue a ella a quien se le ocurrió la idea por primera vez. Esto era algo que entonces nadie hacía en redes y que Kayla consiguió popularizar gracias a sus primeras clientas, lo que generó un efecto de bola de nieve increíble que la impulsó a crecer mucho en muy poco tiempo. Hoy tiene más de quince millones de seguidores y una empresa con la que factura millones en todo el mundo.

Su estrategia de mostrar el antes y el después ha sido copiada hasta la saciedad, y es algo que hoy no nos parece nada novedoso ni provocativo, pero en su momento lo fue. La esencia del movimiento que consiguió generar es lo que quiero que te inspire y te ayude a crear tu propia estrategia. Veamos cómo puedes hacerlo:

- **Involucra a tu audiencia:** El éxito de la estrategia de Kayla radicó en invitar a las mujeres que seguían su programa a publicar fotos del antes y el después. Esto no solo la ayudó a mostrar la eficacia de su método y le dio credibilidad, sino que también le generó mucha visibilidad. Ver los resultados de otras personas motivaba a las nuevas seguidoras a probar el programa, pues eran cambios reales en personas similares a ellas.

- **Enfoque en la comunidad:** En lugar de hacer que todo tratara sobre ella, Kayla enfocó su estrategia en construir una comunidad que apoyaba el proceso de transformación de otras mujeres. Esto hizo que sus seguidoras se sintieran parte de algo más grande que un simple programa de fitness. Su mensaje no estaba centrado en un ideal de cuerpo «perfecto», sino en ayudar a las mujeres a sentirse fuertes y saludables. Esa autenticidad la hizo destacar en un nicho que a menudo está lleno de promesas poco realistas.

- **Hashtags y participación:** La creación de un hashtag específico para el programa #BBGcommunity hizo que fuera más fácil encontrar contenido relacionado con ella en redes y, por tanto, impulsó la visibilidad de su marca e hizo que más personas pudieran descubrir el programa.

- **Testimonios y comentarios:** Desde el principio, su estrategia se basó en invitar a las personas a que compartieran sus historias, lo que amplificó muchísimo el alcance de su programa sin necesidad de invertir en campañas publicitarias.

Obviamente, repetir tal cual la estrategia de Kayla ya no tiene sentido porque la han copiado demasiadas veces en todos estos años, pero sí que podemos replicar algo similar teniendo en cuenta los principales puntos que hemos visto arriba, adaptándolos a nuestro caso particular y generando nuestro propio movimiento de marca.

RESUMEN DEL CAPÍTULO

✓ **El poder del boca a boca:** Genera recomendaciones, ofreciendo un servicio único y facilidades para compartir, sin presionar a los clientes.

✓ **Experiencias únicas:** Sorprende con detalles especiales en tus productos o servicios para que los clientes quieran hablar de ti.

✓ **Colaboraciones valiosas:** Alíate con profesionales de valores similares para llegar a nuevas audiencias de forma auténtica.

✓ **Eventos exclusivos:** Organiza encuentros reducidos y personalizados que fortalezcan la conexión emocional con tus clientes.

✓ **Controla el mensaje:** Diseña estrategias para dirigir la conversación hacia temas alineados con tu marca y valores.

9

Sigue provocando con autoridad

Cuando llega la autoridad, muchas veces se deja de lado la provocación. Esto pasa porque desde un principio la estrategia no está alineada con los valores de marca y el mensaje que se quiere transmitir. Por eso, al alcanzar la deseada autoridad, muchos emprendedores se deshacen alegremente de la capa de provocación que los llevó hasta allí, como si fuera una carga que les pesa demasiado y que por fin pueden dejar de lado. Esto sería el equivalente a «provoca hasta conseguir lo que quieres y luego olvida todo lo que has dicho».

Entonces es cuando llegan las decepciones, la sensación de que la marca ha cambiado demasiado, de que las promesas que hacía no eran del todo verdaderas o de que el aura que la rodea no es tan especial como parecía al principio. Seguro que este desencanto del que te hablo lo has vivido con más de una marca, con la que has pasado del amor al odio en poco tiempo.

Esa no es la idea de provocación que defiende este libro, aquí venimos a encontrar una estrategia que podamos replicar en distintas campañas, sin sentirnos incómodos con lo que estamos defendiendo, y que nos ayude a crecer a largo plazo.

Como es lógico, al alcanzar una posición de autoridad en el mercado, la responsabilidad se vuelve mucho mayor y la necesidad de provocar para destacar disminuye. Pero eso no quiere decir que tengas que cambiar tu mensaje para volverlo más «apto para todos los públicos». Se puede pulir la estrategia, mejorar la comunicación y abordar nuevos frentes que te ayuden a seguir creciendo, pero siempre manteniendo la esencia de marca que te ha llevado hasta ese punto.

En este capítulo veremos cómo puedes continuar provocando de manera efectiva con autoridad. Para una marca ya consolidada, la provocación pasa de ser una táctica para destacar en el mercado a ser una estrategia integral para mantener esa posición de relevancia en un sector determinado. Provocar con autoridad implica calcular bien los riesgos que se asumen, ya que hay mucho más en juego, pero también supone seguir innovando y conectando con la audiencia para no perder la posición que tanto esfuerzo ha costado alcanzar.

Si algo tienen en común todas las grandes marcas que hemos visto en los distintos ejemplos de este libro, es que han sabido seguir provocando y sorprendiendo a la audiencia aun después de alcanzar la posición de referentes en su sector. Es la única forma de perdurar en el tiempo y no acabar siendo una moda pasajera que en unos años nadie recordará.

Además, la provocación desde una posición de autoridad implica que debes defender de manera activa los valores que tu marca representa y que te han hecho conectar con tu audiencia de forma significativa. Este enfoque te permite mantener la esencia de tu marca y te ayuda a seguir fortaleciendo la conexión con tu público.

Evolución de la estrategia de provocación

Al alcanzar el estatus de autoridad en tu sector, lo que se espera de ti como marca cambia considerablemente. Ya no se trata de destacar en un mercado saturado, sino de actuar como referente, creador de tendencias y líder de opinión en algunos temas. Tu audiencia espera de ti que vayas más allá de lo convencional, innovando y aportando soluciones que reflejen una comprensión profunda de las necesidades del mercado.

Este cambio en las expectativas exige una evolución en la forma en que se aborda la provocación. A diferencia de las marcas emergentes, que pueden utilizar la provocación principalmente para captar atención y diferenciarse, las marcas establecidas deben hacerlo de manera más estratégica y con mayor responsabilidad. La provocación deja de ser un elemento que busca generar un gran impacto en la audiencia, y pasa a ser una herramienta clave para generar conversación en torno a temas significativos y guiar a tu sector hacia nuevas direcciones.

En este sentido, cualquier cambio en la comunicación de una marca que ya se ha posicionado como referente debe hacerse siempre de forma gradual y progresiva para que se perciba como algo natural en su evolución y desarrollo. Igual que no tiene sentido quedarse anclado siempre en las mismas estrategias, tampoco un gran crecimiento puede suponer que te olvides de los valores y el mensaje que te llevaron hasta allí.

Piensa que, una vez has llegado al punto en el que tienes una comunidad fiel en torno a tu marca, posees un altavoz muy grande en tus manos con el que puedes influir en la opinión e incluso en los hábitos de la gente; utilízalo con cabeza y no dejes de escuchar a tus clientes, porque es esa conexión especial la que no debes perder nunca.

Adaptación a los cambios del mercado

Para muchas marcas, el elefante en la habitación, algo que de forma consciente decides ignorar esperando a que pase, son los temidos cambios en el mercado que llegan justo cuando tú has encontrado una estrategia que funciona bien y no te apetece nada modificarla.

Déjame decirte algo: construir una marca no es una carrera rápida, es una maratón, y solo la terminan los que tienen mayor resistencia y son capaces de seguir corriendo, aunque llueva o haga mal tiempo.

Adaptarse a los cambios del mercado es algo imprescindible para cualquier marca que quiera sobrevivir y seguir manteniendo su relevancia. Seguramente esta sea la acción más difícil de todas las que hemos visto a lo largo del libro. Porque, de forma natural, nos acomodamos en lo que nos funciona y ofrecemos resistencia al cambio, que muchas veces se presenta como una amenaza a todo lo que hemos construido con esfuerzo.

Solo las marcas capaces de adaptarse a los cambios del mercado con rapidez podrán seguir liderando su sector. El ejemplo más reciente que te puedo dar es el auge de TikTok durante la pandemia y el gran giro que esto supuso en la comunicación digital. Muchas nuevas marcas surgieron en esa época. Así, aprovechando el tirón de los vídeos cortos se hicieron rápidamente un hueco en el mercado y acabaron desplazando a antiguas firmas que estaban ya afianzadas.

Recuerdo que en ese momento había mucha gente que gritaba orgullosa a los cuatro vientos: «Yo no tengo que bailar ni hacer el ridículo en las redes sociales para vender». Es curioso que esto lo dijeran los mismos que llevaban años enseñando sus casas, sus hijos y sus vacaciones en las redes sociales; habían normalizado mostrar su vida privada sin tapujos y, sin embargo, un simple baile les producía un pudor espantoso. Este es el vivo ejemplo de la resistencia al cambio de la que hablaba antes.

Al principio, la irrupción de TikTok fue solo una moda pasajera para muchos, una tendencia que había surgido durante la pandemia y que desaparecería cuando todo volviera a «la normalidad». Este es el gran error que no te puedes permitir cometer cuando estás en una posición de autoridad: esperar a que las cosas vuelvan a su cauce y que tu público regrese a ti con los brazos abiertos, aunque no hayas movido un dedo para que eso pase. Créeme, no es la estrategia más inteligente.

Lo bueno de actuar desde una posición de autoridad es que tienes la capacidad de dirigir el mercado y liderar los cambios de forma intencionada. Eso es lo que hicieron algunas marcas e *influencers* con la llegada de TikTok: se lanzaron sin miedo a crear contenido en la nueva plataforma y consiguieron marcar las tendencias de forma significativa sin quedarse atrás en la carrera.

En todo este proceso hay un elemento clave que tienes que aprender a identificar para tener éxito con tu estrategia, y para ello es preciso responder la siguiente pregunta: ¿cómo puedes saber cuándo una tendencia es pasajera y cuándo es algo que viene para quedarse a largo plazo? La respuesta corta es: no lo puedes saber.

Aunque siempre existen algunos indicios que te pueden ayudar a entender mejor qué está pasando en el mercado:

- **A mayor resistencia colectiva, mayor oportunidad:** Cuando llega una nueva tendencia y todo el mundo la adopta en cuestión de días sin rechistar, suele ser sinónimo de moda pasajera que va a durar poco. Debería ser al revés, pero no. De repente, todos hablan de lo mismo y saturan el mercado con la novedad, haciendo que se vuelva poco original y que el público acabe harto en un tiempo breve. Sin embargo, cuando irrumpe algo que genera una gran resistencia, como pasó con los pódcast o con TikTok, ahí está la verdadera oportunidad.

- **A menor número de adoptantes, mayor oportunidad:** Los primeros adoptantes de cualquier plataforma o herramienta tienen el éxito casi asegurado solo por el hecho de haber empezado antes que los demás. Si eres capaz de detectar y adoptar una tendencia antes que tu competencia, tendrás el privilegio de liderar el mercado en solitario mientras los demás se ponen a la cola y siguen tus pasos.

- **Cuanta más gente joven, mayor oportunidad:** El público joven suele estar más predispuesto a probar nuevas plataformas y herramientas que la gente de mayor edad. Sin embargo, muchas veces despreciamos este dato, pensando que esos no son nuestros clientes y que no merece la pena invertir en algo así. La cuestión es que estos jóvenes normalmente son los primeros adoptantes del mercado (¿recuerdas la curva de difusión de ideas del capítulo 1) y después de ellos llega el resto de la audiencia, donde sí están tus clientes.

Como ves, para poder adaptarse a los cambios del mercado, las marcas deben estar en constante contacto con su entorno y con las distintas oportunidades que puede presentar. Esto implica seguir de cerca las tendencias emergentes, entendiendo el contexto en el que se desarrollan e intentando prever cómo impactarán en el mercado a largo plazo. Esta capacidad de anticipación permite a las marcas tomar decisiones informadas y ajustar sus estrategias antes de que los cambios se conviertan en ajustes obligatorios.

Innovación continua

La complacencia es, sin duda, uno de los mayores enemigos de una marca consolidada. Muchos piensan que pueden tener una idea brillante y vivir de ella durante mucho tiempo, pero la realidad es muy diferente. El mercado cambia constantemente y siempre hay nuevas marcas buscando su oportunidad para destacar y desplazar a las existentes. Esto hace que, por exitoso que seas, nunca te puedas relajar y tengas que estar siempre en constante evolución y crecimiento.

Dependiendo del producto o servicio que ofrezcas y de cómo lo hayas posicionado en el mercado, la innovación será algo diferente para ti. Por ejemplo, en el caso de Apple, que desde sus inicios se posicionó como una marca creativa que ofrecía productos únicos, nunca vistos antes, la innovación supone seguir liderando la carrera tecnológica y aportando soluciones completamente novedosas a sus clientes.

Sin embargo, si tu marca tiene un perfil más tradicional o conservador, puede que la innovación suponga realizar pequeños cambios en tus productos o servicios para adaptarlos a las demandas actuales del mercado.

> Un gran ejemplo de esto lo podemos ver en el lanzamiento de Coca-Cola Light, seguido años más tarde del de la versión Zero. En las últimas décadas del siglo XX empezó a aumentar la conciencia global en torno al azúcar, el control del peso y los hábitos de consumo. En ese contexto empezaron a popularizarse las bebidas bajas en calorías, y Coca-Cola supo ver que tenía que adaptarse rápidamente a las necesidades de su público.
>
> En 1982, Coca-Cola lanzó su versión Light, que fue pionera en el mercado de los refrescos sin azúcar y, definitivamente, se convirtió en uno de los refrescos más influyentes en la historia de las bebidas gaseosas. Aunque no fue el primer refresco sin azúcar del mundo, su éxito masivo marcó un antes y un después en la categoría de bebidas dietéticas, consolidando, a partir de ese momento, el mercado de los refrescos bajos en calorías y sin azúcar.

Sin duda, Coca-Cola podría haberse enrocado en la idea de que ellos vendían bebidas azucaradas que aportaban energía y felicidad. Podrían haber pensado que, sin el azúcar, perderían su esencia y su posición en el mercado, pero decidieron innovar con una bebida nueva que no solo les ayudó a mantenerse relevantes según las necesidades de su público, sino que los posicionó como algo mucho más importante: el refresco universal por excelencia de todas las fiestas.

Innovar siempre da miedo, sobre todo cuando lo haces desde una posición de autoridad, porque tienes mucho más que perder y cualquier fracaso se vuelve más estrepitoso. Pero es importante, además de saber ver las oportunidades que surgen en el mercado, identificar los momentos en los que es imprescindible innovar para sobrevivir. Ninguna marca está libre de caer en el olvido por grande que sea, por eso la innovación continua es fundamental en cualquier estrategia de provocación a largo plazo.

Mantén el diálogo con tu audiencia

No hay nada peor que una marca que crece y poco a poco se distancia de su audiencia. Primero porque da una sensación de endiosamiento que es muy poco recomendable, y segundo, porque, al hacerlo deja de estar en contacto con las necesidades actuales de su público y su discurso se aleja de la realidad.

El diálogo continuo con la audiencia es fundamental para cualquier marca que quiera mantener su autoridad y relevancia en un mercado saturado. En un entorno donde las expectativas de los consumidores evolucionan rápidamente, la capacidad de una marca para mantener la conexión con su audiencia se convierte en un pilar clave de su éxito. Sin embargo, este diálogo debe darse en ambas direcciones y, para ello, la marca debe estar dispuesta a escuchar lo que sus consumidores tienen que decir.

Exacto, el diálogo con la audiencia no puede ser unidireccional, ni tampoco un mero trámite. Escuchar activamente es esencial para que una marca no solo mantenga su relevancia, sino que también se anticipe a las nuevas tendencias y necesidades de su público. Ignorar lo que tu audiencia tiene que decir es peligroso, además de que puede llevar a una desconexión gradual que, en un mercado tan competitivo, es difícil de revertir. Cuando una marca se aleja de sus consumidores, pierde la oportunidad de evolucionar junto a ellos y corre el riesgo de quedarse atrás.

Por otro lado, escuchar de verdad a tu público te ofrece una fuente inagotable de datos. A través de sus opiniones, quejas y sugerencias, puedes identificar áreas de mejora, oportunidades de innovación y, lo más importante, construir relaciones más sólidas con ellos. Esto no solo fortalece la lealtad del cliente, sino que también permite que la marca ajuste su propuesta de valor a las expectativas cambiantes de su audiencia.

Es importante recordar que el diálogo auténtico va más allá de simplemente recibir *feedback*. Implica actuar en función de lo que se ha escuchado. Si tus consumidores sienten que sus opiniones no son tenidas en cuenta o que no hay respuesta por parte de la marca, esa frustración puede traducirse en desinterés o, peor aún, en una reputación negativa. Mostrar que valoras la opinión de tu público y que estás dispuesto a adaptarte a sus necesidades genera una conexión emocional más fuerte y duradera.

Como ves, no se trata solo de hablarle a tu audiencia, sino de dialogar con ella de manera continua y, sobre todo, de mantener los oídos bien abiertos. Porque en un mundo donde las marcas que triunfan son las que están en constante evolución, la capacidad de escuchar y adaptarse es lo que marca la diferencia entre liderar o quedar en el olvido.

Educación y liderazgo de opinión

Uno de los grandes beneficios de provocar desde una posición de autoridad es la posibilidad que tenemos de ejercer un papel importante como líderes de opinión. Cuando una marca alcanza el estatus de referente, lo hace con la responsabilidad de saber que sus opiniones van a guiar e inspirar a mucha gente.

Pero es importante tener en cuenta que asumir este papel es una tarea muy delicada, y que debemos mantener siempre el foco en nuestro propósito y valores para no perder la esencia de la marca, que tanto ha costado construir.

Llegados a este punto, es posible que te ofrezcan colaboraciones, entrevistas o invitaciones a eventos que no estén en sintonía con el mensaje que tú quieres lanzar. Y aquí es donde te toca decir que no sin miedo. Cuesta mucho porque te da la sensación de que estás desaprovechando una gran oportunidad, pero si algo no está alineado con tus valores, es mejor que lo dejes pasar, por muy interesante que parezca. Porque el daño que puedes hacer a la marca es mucho mayor que el beneficio que vas a obtener.

Por ejemplo, te voy a hablar de mi caso. Yo llevo años diciendo que hacer directos en Instagram es una pérdida de tiempo enorme y que no sirve para nada. Durante la pandemia, incluso, colgué una publicación en la que decía que estábamos haciendo directos «por encima de nuestras posibilidades». Este mensaje se vería falso y contradictorio si, de repente, apareciera de invitada en un directo con alguien porque no he sabido decir que no a su propuesta.

Es posible, también, que en algún momento no encuentres ocasiones ni eventos con los que te sientas lo bastante identificado para asistir en calidad de marca. Está bien, es perfectamente normal, lo bueno de la autoridad es que ya estás en posición de crear tus propias iniciativas para reunir a las personas más afines a tu mensaje y tus valores.

Este tipo de acciones no solo refuerzan la credibilidad y liderazgo de la marca, sino que también aportan aire fresco al mercado. Además, pueden suponer nuevas posibilidades para mucha gente que está empezando y necesita conectar con otras marcas afines a la suya.

Conferencias y eventos formativos

Organizar conferencias y eventos presenciales es una de las estrategias más poderosas que existen para afianzar tu posición como referente en el mercado. Este tipo de acciones colocan a la marca en el centro de muchas conversaciones, pero al mismo tiempo te permiten conectar en persona con otros emprendedores y personas afines a tu discurso.

El poder de lo presencial es innegable y, por mucho que los medios digitales nos hayan traído grandes posibilidades de ganar visibilidad y crecer, las verdaderas conexiones se siguen creando en persona, entre abrazos, risas y cafés (o cervezas, según la ocasión).

Los eventos presenciales te brindan la oportunidad de presentar nuevos productos o servicios de forma mucho más atractiva, ya que las emociones y los sentimientos que se provocan son mucho más intensos que los que podemos llegar a generar a través del contenido de los medios digitales.

Mostrarte como un experto que da una conferencia sobre un tema determinado eleva tu posición de autoridad y aumenta la reputación de la marca. Además, es un ejercicio muy valioso que te puede servir para influir en las tendencias de tu sector y para aumentar la confianza entre tu público objetivo.

Por supuesto, los eventos se deben manejar con el mismo cuidado, o incluso más, con el que se gestionan el resto de las acciones de la marca. Tus valores, estética y estilo de comunicación deben estar presentes en todo momento, haciendo que los asistentes sientan que han entrado de lleno en tu universo de marca.

Volvemos a lo mismo que contaba antes: si los eventos masivos en los que se pone música a tope y todo el mundo grita, salta y baila sin parar no son lo tuyo, no hagas algo así solo porque está de moda. Crea un evento a la medida de tu marca y tu mensaje.

Obviamente, también puedes participar en eventos y conferencias organizados a los que vayas como invitado. Eso te permitirá conocer de cerca a otros referentes de tu sector con los que puedes concertar futuras colaboraciones o asociaciones estratégicas. Además de aportar visibilidad y contactos, el hecho de participar de forma activa en eventos también te ayuda a mantenerte al día de las últimas tendencias y movimientos de tu sector.

En definitiva, organizar y participar en eventos y formaciones presenciales no es solo una herramienta de marketing, sino una inversión en el posicionamiento a largo plazo de la marca. Es una oportunidad para educar, compartir ideas innovadoras, construir relaciones y colaborar en la evolución de tu sector.

Publicaciones y libros de marca

Publicar tu propio libro de marca es una de las estrategias más efectivas para establecer autoridad y consolidarte como referente en tu sector. Es una gran oportunidad para desarrollar tus ideas en profundidad y tratar temas importantes que te definan como marca.

Es posible que te asalte el síndrome del impostor y te empieces a preguntar: ¿quién soy yo para escribir un libro?, ¿de qué voy a hablar que sea interesante? Para que el libro te sirva realmente para afianzar tu estrategia deberías elegir el tema en el que quieras destacar como autoridad porque es algo de lo que vas a hablar de manera recurrente en tu comunicación.

Pero, ojo, si vas a escribir un libro tienes que hacerlo bien. Digo esto porque últimamente vivimos en un delirio colectivo en el que parece que cualquiera puede escribir un libro en un fin de semana sacando frases de vídeos de YouTube y montando un popurrí de testimonios y cosas sin sentido que no aportan nada en absoluto.

Escribir un libro es recomendable pero no obligatorio. Puede ser algo muy bueno para la autoridad de tu marca, pero también puede ser un desastre si lo haces sin la calidad suficiente o con un enfoque que no te identifica.

Debes saber que si te lanzas a escribir un libro estás asumiendo un compromiso enorme con tu marca y contigo mismo. Tienes que estar dispuesto a pasar varios meses escribiendo todos los días, contrastando información y revisando continuamente la coherencia de tu discurso. Es un viaje maravilloso, y cuando lo termines no serás el mismo, pero, como todo lo que merece la pena, implica un esfuerzo que muchos no están dispuestos a hacer.

Los mismos que te dicen que puedes venderle lo que sea a quien sea o que puedes conseguir diez mil seguidores al mes aplicando un par de trucos, ahora también te cuentan que un libro se escribe en un fin de semana. Como ya sabrás, ese no es el estilo de marketing que yo defiendo ni el que te recomiendo que adoptes.

Tampoco te aconsejo lanzarte a escribir un libro si todavía no has dado todos los pasos anteriores. Posicionar una marca es un proceso que lleva tiempo y al que debes dedicarle el cariño y el cuidado que se merece. Disfruta de ese periodo, prueba, crece y equivócate. Cuando hayas hecho todo eso, si te apetece, tienes tiempo y crees que es el momento indicado, entonces sí, escribe tu libro.

Recuerda que puedes trabajar todo lo que hemos visto en el libro descargando el dosier de ejercicios en el siguiente enlace:

elenaguirao.com/bonus

RESUMEN DEL CAPÍTULO

- ✓ **Evolución estratégica:** La provocación en marcas consolidadas debe usarse para liderar conversaciones y reforzar valores, adaptando el mensaje sin perder la esencia que construyó la autoridad.

- ✓ **Adaptación al cambio:** Adaptarse a tendencias emergentes es esencial para no estancarse. Identificar oportunidades a tiempo permite mantenerse relevante en el mercado.

- ✓ **Innovación constante:** La innovación, incluso en pequeños ajustes, es clave para la supervivencia. Cambiar y mejorar productos o servicios asegura competitividad y relevancia.

- ✓ **Diálogo con la audiencia:** Escuchar y responder a los clientes fortalece la conexión. Actuar según sus necesidades refuerza la confianza y garantiza la evolución de la marca.

- ✓ **Liderazgo de opinión:** Una marca con autoridad debe liderar manifestando sus valores, rechazando las propuestas no alineadas con su discurso. Crear iniciativas propias consolida su posición.

Conclusión
Deja tu huella sin miedo

Llegamos al final de este camino, pero, en realidad, este no es el fin, sino el principio de algo mucho más grande. Si has llegado hasta aquí, ya tienes en tus manos las herramientas necesarias para dejar de ser invisible y empezar a destacar con tus ideas. Ahora la pregunta que debes plantearte es: ¿qué vas a hacer con todo lo que has aprendido?

Este libro no es solo una guía sobre provocación estratégica, es una invitación a que seas valiente, a que te atrevas a innovar y a romper las normas establecidas. Porque en un mercado saturado de información, solo los valientes, aquellos que deciden hacer las cosas de manera diferente, son los que realmente logran dejar una huella.

Si hasta ahora te has sentido invisible, atrapado entre la competencia, es porque no habías descubierto el poder que tienes para provocar. Y ahora que lo conoces, es el momento de que destaques.

Provocar no es gritar más fuerte que los demás, no es llenar las redes con mensajes vacíos que nadie escucha. Provocar es invitar a la reflexión, es despertar la curiosidad, es desafiar las creencias y mostrar una nueva perspectiva. Provocar es sembrar una semilla que crece en la mente de tu público y que, poco a poco, transforma su manera de ver las cosas.

Provocar significa tener la valentía de ir contra lo predecible, contra lo seguro. Significa estar dispuesto a arriesgarse, porque sabes que las recompensas que proporciona la osadía son infinitamente mayores. Recuerda esto: cada vez que eliges no provocar, eliges ser parte del ruido. Cada vez que eliges no destacar, eliges ser uno más.

No es suficiente provocar una sola vez. La provocación, como cualquier estrategia, necesita consistencia, refinamiento y, sobre todo, autenticidad. No se trata de crear controversia por crearla, sino de provocar con un propósito claro, de generar conversaciones que importen y que resuenen en las personas que más quieres impactar.

Tu nicho te está esperando. Esas personas que entienden y valoran lo que ofreces, esas personas que están deseosas de escuchar una voz diferente, auténtica, que les hable directamente. Si algo he repetido en este libro es que no necesitas hablarle a todo el mundo para ser relevante. Solo necesitas hablarles a las personas adecuadas.

Cada paso que das para conocer mejor a tu audiencia, cada esfuerzo que inviertes en perfeccionar tu mensaje, te acerca más a convertirte en un referente dentro de tu sector. Y ese es el verdadero poder de la provocación: no solo captar la atención, sino mantenerla y, con el tiempo, convertirla en confianza, en lealtad.

El valor de ser diferente

Hay algo increíblemente poderoso en atreverse a ser diferente, en no seguir las reglas que otros han marcado y escribir las tuyas propias. El valor de una estrategia provocativa es que, cuando se hace bien, deja una impresión duradera. No te recordarán por lo que dijiste una vez, sino por la huella que dejas cada vez que te atreves a desafiar lo establecido.

Pero aquí está lo más importante: provocar no se trata solo de tu marca o de tu negocio, se trata de ti. Se trata de cómo eliges presentarte al mundo, cómo eliges ser visto, cómo decides dejar tu huella.

Provocar es un acto de liderazgo. Cuando eliges no conformarte con lo establecido, cuando eliges ser el que plantea nuevas preguntas y propone nuevas soluciones, estás liderando. Y el mundo necesita más líderes que no tengan miedo de incomodar a otros si es para crear algo mejor.

A medida que sigas provocando, te darás cuenta de algo extraordinario: provocar no solo capta la atención de tu audiencia, también te transforma a ti. Te obliga a ser más consciente de quién eres, de lo que representas y de lo que quieres lograr. Te convierte en un líder porque tienes algo que decir, pero además porque tienes algo que aportar, algo que puede cambiar la vida de las personas que confían en ti.

Y así es como la provocación resulta en algo expansivo. Lo que empieza como un simple acto de desafiar lo común se transforma en un movimiento, en una comunidad, en algo que va mucho más allá de lo que podías imaginar. Porque cuando provocas de manera auténtica, creas una conexión real con tu audiencia, y esa conexión es la base de cualquier éxito sostenible a largo plazo.

La provocación, si se utiliza de forma inteligente, deja un legado. Las marcas que han cambiado industrias enteras, los líderes que han inspirado movimientos globales, todos ellos comenzaron provocando, formulando una simple pregunta: ¿y si las cosas fueran diferentes? ¿Y qué los hizo exitosos? Su capacidad para mantener la provocación como una constante, para hacer de ella el motor que impulsó su crecimiento.

Piensa, por ejemplo, en Steve Jobs. No solo creó productos innovadores, sino que desafió continuamente la forma en que el mundo veía la tecnología. No tenía miedo de ser diferente, y esa diferencia fue lo que impulsó a Apple al éxito. Jobs provocaba porque creía en su visión, y no estaba dispuesto a comprometer sus ideas para satisfacer las expectativas de los demás.

Otro gran ejemplo es Elon Musk, que aparte de diseñar coches eléctricos, construyó una narrativa en torno a Tesla que desafió a toda la industria del automóvil. Su provocación no fue solo técnica, fue también cultural. No solo vendía coches, vendía además una visión de un futuro sostenible, algo que tuvo profundas resonancias en su nicho. Y así conectó de forma emocional con una audiencia que creía en algo más grande que simplemente conducir un coche de un lugar a otro.

Al igual que ellos, tú también puedes ser esa fuerza de cambio. Tienes todo lo que te hace falta para empezar a provocar, para destacar, para convertirte en esa voz que otros necesitan escuchar. No te limites. Este es tu momento. Así que sigue provocando. Sigue desafiando lo que se da por sentado. Sigue siendo valiente en tu mensaje y en tu propósito. Porque ahí, en esa valentía, es donde realmente sucede la magia. Ahí es donde dejas de ser invisible y comienzas a destacar.

El poder de la autenticidad en la provocación

Uno de los puntos más importantes de este libro que quiero que recuerdes es que la provocación debe ser auténtica. La autenticidad es la clave para construir una conexión profunda con tu audiencia. No se trata de crear polémica por el simple hecho de llamar la atención. Se trata de ser fiel a tu mensaje, a tus valores y a lo que tu marca representa.

Si vas a provocar a tu público y a causar revuelo con tus palabras, que sea defendiendo aquello en lo que crees. Siempre va a haber gente que no va a estar de acuerdo con tu discurso, pero si te van a criticar, al menos que sea por expresar tus ideas sin miedo. No te subas a una moda tan solo porque todos lo hacen si no estás convencido. Y no te dejes llevar por discursos o provocaciones que nada tienen que ver contigo. En la autenticidad y en la coherencia de tu mensaje a lo largo del tiempo está la clave del éxito.

En un mundo donde la autenticidad es cada vez más escasa, las personas quieren encontrar marcas que sean sinceras y genuinas. Porque cuando provocas con autenticidad, generas confianza. Y la confianza es el recurso más valioso que puedes obtener, y una vez que la consigues, tu audiencia se convertirá en fiel defensora de tu marca y embajadora de tus productos.

Además, provocar con autenticidad también te libera de la necesidad de gustar a todo el mundo y de forzar actitudes con las que en realidad no conectas. En lugar de buscar caer bien y encajar, intenta conectar profundamente con aquellos que más te valoran: tu nicho. Aquellas personas que de verdad necesitan lo que tienes que ofrecer.

A lo largo del libro, hemos hablado de la importancia de probar y experimentar. Debes saber que este enfoque no es solo una estrategia, es una mentalidad. Y es que vivimos en constante cambio; las tendencias evolucionan, las plataformas emergen, y lo que era relevante hace un año puede que ya no lo sea hoy. Por eso, debes estar dispuesto a reinventarte constantemente, a mantener despierta tu curiosidad y tus ganas de aprender.

No tengas miedo de ajustar tu estrategia y de ser flexible en los cambios. Habrá momentos en los que lo que te funcionó antes ya no será suficiente, y tendrás que pivotar hacia algo nuevo. Pero eso no es un fracaso, es una oportunidad. Cada ajuste, cada nueva táctica que pruebes, te acercará más a perfeccionar tu mensaje y a crear un movimiento potente en torno a tu marca.

Así es como lo hacen los grandes innovadores, como Jobs o Musk: observan, prueban, aprenden y ajustan. Y lo hacen continuamente. Ser disruptivo no es un acto único y aislado, es un proceso que se perfecciona y se afina con el tiempo. Cada vez que decidas evolucionar, estarás dando un paso más hacia convertirte en un referente en tu nicho.

La comunidad que construyes

Como hemos visto a lo largo del libro, provocar no solo te hará destacar, sino que también te ayudará a construir una comunidad alrededor de tu marca. A medida que sigas provocando con autenticidad, atraerás a más personas que comparten tus valores, tu visión y tu misión. Y esas personas, además de ser tus clientes o seguidores, serán parte de tu comunidad, de tu movimiento.

Una comunidad fiel es uno de los activos más valiosos que como marca puedes tener en el mercado actual. Las comunidades no solo te siguen, te apoyan, te defienden y te ayudan a crecer. Cuando creas un espacio al que las personas sienten que pueden pertenecer, donde son escuchadas y comparten un propósito común, estás construyendo algo mucho más grande que una simple base de clientes.

La provocación, cuando se maneja bien, crea lealtad y compromiso. Las personas quieren ser parte de algo que desafíe el *statu quo*, que les haga sentir que están contribuyendo a algo más grande que ellas mismas. Y ahí es donde tú puedes marcar la diferencia.

Cuando sigues provocando de manera consistente y auténtica, tu comunidad no se queda estancada. Se convierte en un movimiento. Dejas de ser solo una marca o una persona que ofrece un producto o servicio y pasas a liderar un cambio, a inspirar a otros a pensar diferente, a actuar diferente, a creer en una visión más grande.

Un movimiento es mucho más que una campaña temporal o una tendencia efímera. Es algo que resuena en el plano emocional y cultural. Tu comunidad no solo te sigue porque ofreces algo valioso, sino porque creen en lo que representas. Ese es el momento en el que tu marca deja de ser un simple negocio para convertirse en una fuente de inspiración.

Los movimientos son poderosos porque crean un sentido de pertenencia. Las personas quieren ser parte de un movimiento y también ayudar a liderarlo. Esto es lo que provoca el crecimiento a gran escala de tu comunidad: el deseo de tus seguidores de ser parte activa del cambio que propones.

Para terminar, quiero que recuerdes una cosa muy importante: provocar no es una meta que alcanzar, es un viaje. No hay un punto en el que digas: «Ya he llegado». Cada día, cada interacción, cada mensaje es una nueva oportunidad para provocar de manera auténtica y genuina. Y cuanto más lo hagas, más dominarás la estrategia, más fuerte se oirá tu voz y más grande será el impacto que cause tu mensaje.

Así que sigue provocando. Sigue desafiando lo que se da por sentado. Sigue siendo valiente en tus acciones y en tu propósito. Porque ahí, en esa valentía, es donde realmente surge la magia. Ahí es donde dejas de ser invisible y comienzas a destacar.

El mundo está listo para escucharte, ahora te toca a ti lanzar tu mensaje.

Referencias y lecturas recomendadas

Berger, Jonah, *Contagioso*, Barcelona, Gestión 2000, 2014.
Cameron, Julia, *El camino del artista*, Barcelona, Aguilar, 2011.
Cialdini, Robert, *Influence*, Nueva York, HarperCollins, 2006.
Collins, Jim, *Good to Great: Why Some Companies Make the Leap... and Others Don't*, Nueva York, HarperCollins, 2001.
Gitomer, Jeffrey, *El pequeño libro rojo de las ventas*, Barcelona, Empresa Activa, 2005.
Godin, Seth, *La vaca púrpura*, Barcelona, Gestión 2000, 2008.
—, *Esto es marketing*, Barcelona, Alienta, 2019.
Hormozi, Alex, *$100M Offers*, Acquisition.com Publishing, 2021.
Humberstone, Fiona, *How to Style Your Brand*, Guildford, Copper Beech Press, 2015.
Kim, W. Chan y Renée Mauborgne, *La estrategia del océano azul*, Barcelona, Empresa Activa, 2005.
Kleon, Austin, *Show Your Work!*, Nueva York, Workman Publishing Company, 2014.
Mark, Margaret y Carol S. Pearson, *The Hero and the Outlaw*, Nueva York, McGraw Hill, 2001.
Miller, Donald, *Building a StoryBrand*, Nueva York, HarperCollins, 2017.
Neumeier, Marty, *The Brand Flip*, Berkeley, New Riders, 2015.

—, *The Brand Gap*, Berkeley, New Riders, 2006.
Osterwalder, Alexander *et al.*, *Diseñando la propuesta de valor*, Barcelona, Deusto, 2015.
Pricken, Mario, *Publicidad creativa*, Barcelona, Gustavo Gili, 2004.
Toffler, Alvin, *Future Shock*, Nueva York, Bantam Books, 1970.
Wheeler, Alina, *Diseño de marcas*, Madrid, Anaya Multimedia, 2018.